INTRODUCTION A UN COURS

DE

DROIT INTERNATIONAL PUBLIC

DU MÊME AUTEUR :

Les commencements de l'école de droit de Bologne, traduit de l'allemand de Fitting, 1888.

Des conséquences du délit de l'esclave dans les *Leges Barbarorum* et dans les *Capitulaires*, 1889 (Extrait de la *Nouvelle Revue historique de droit français et étranger*).

INTRODUCTION A UN COURS

DE

DROIT INTERNATIONAL PUBLIC

PAR

Paul LESEUR

PROFESSEUR A LA FACULTÉ DE DROIT DE LYON

PARIS

A. DURAND ET PEDONE-LAURIEL, ÉDITEURS

LIBRAIRES DE LA COUR D'APPEL ET DE L'ORDRE DES AVOCATS

G. PEDONE-LAURIEL, Successeur

13, RUE SOUFFLOT, 13

1893

AVANT-PROPOS

Ce travail n'était pas tout d'abord destiné à la publicité. Je l'avais composé dans la pensée de le résumer ensuite pour en faire la préface d'un *Manuel de droit des gens*.

Si, sur nombre de points, je ne fais que suivre les idées généralement admises, je m'en écarte sur d'autres. Dans ces conditions, j'ai pensé qu'il pouvait y avoir quelque utilité à publier cette introduction, avant de lui faire subir les réductions indispensables pour la ramener aux proportions d'un ouvrage élémentaire.

Telle est la raison qui, malgré les excellentes monographies de MM. Renault et Chauveau, le remarquable volume de MM. Holtzendorff-Rivier, m'a décidé à la faire paraître.

P. L.

I

I. — Définition, objet et fondement du droit international (1).

1. — L'histoire nous montre à la suite de quelle évolution les groupes sociaux sont arrivés à prendre chez la plupart des nations modernes la forme d'États, c'est-à-dire de groupes politiques indépendants, établis d'une manière permanente et fixe sur un territoire déterminé, investis d'une volonté propre, se manifestant par un gouvernement régulier. L'histoire nous apprend également, qu'à partir d'une certaine époque et sous l'action d'une même tendance de civilisation, des États ont eu la conscience qu'il existait entre eux une solidarité d'intérêts ; que c'était dans l'extension progressive de leurs relations, et non dans l'isolement, qu'ils devaient chercher la satisfaction des intérêts sociaux dont ils avaient la charge ; que la loi de sociabilité, qui est la condition du progrès de l'individu, était aussi pour les États la condition de leur progrès moral et de leur prospérité matérielle. Bref, on a vu se développer cette notion, qu'en dehors des sociétés particulières dont les personnes physiques sont les membres et dont les États sont la forme politique, il existait une société d'une nature spéciale dont les États, à leur tour, sont les sujets, les personnes (2).

(1) Holtzendorff, *Handbuch des Vœlkerrechts*, I, §§ 1, 2, 9, 12. Il a été donné de ce premier volume une édition française sous le titre de *Introduction au droit des gens* ; la division en paragraphes est identique, la pagination seule diffère. F. de Martens, *Traité de droit international*, trad. Léo, I, p. 1 et s., 265 et s.; Heffter-Geffcken, *Das Europæische Vœlkerrecht* 8e édition, §§ 1, 2; Rivier, *Lehrbuch des Vœlkerrechts*, 1889, § 1 ; Gareis, *Institutionen des Vœlkerrechts*, 1888, §§ 1, 2 ; Renault, *Introduction à l'étude du droit international*, nos 2 et s.; Chauveau, *Le droit des gens*, 1892, I, §§ 1, 4, 7.

(2) Je reviendrai sur le développement historique de cette notion d'une société entre les Etats. Je me borne pour l'instant à en constater l'existence. Elle est devenue en matière internationale une de ces idées communément admises. Cf. F. de Martens, *op. cit.*, I, p. 265 et s.; Fiore, *Le droit*

Dès lors est apparue la notion d'un droit international. C'est en effet une vérité d'expérience, qu'une société ne peut exister sans un ensemble de préceptes juridiques, qui fassent régner l'harmonie entre ses membres en réglementant leurs rapports : *ubi societas, ibi jus*. Ce qui est vrai des sociétés dont les individus sont les sujets, l'est également de cette société dont les États sont les personnes (1). Le développement de la notion qu'il existe une société entre les États a eu comme corollaire le développement de la notion qu'il existe un droit destiné à la régir, le droit international.

Je le définis : l'ensemble des préceptes qui gouvernent la société des États. Son objet : c'est de réaliser un ordre juridique dans cette société, en conciliant les droits et la liberté de chacun de ses membres avec les droits et la liberté des autres. Son fondement : c'est l'existence d'une société internationale, société d'une nature particulière qui réunit les États dans une égale réciprocité de droits et de devoirs, sans cependant leur rien faire perdre de leur indépendance (2). Il diffère enfin des autres branches du droit, en ce que, tandis que l'application de celles-ci est renfermée dans les limites

international codifié, trad. Chrétien, nos 1 et s.; Rivier, *op. cit.*, p. 4; Phillimore, *Commentaries upon international Law*, I, n° 7 : « Se mouvoir, vivre et exister dans la grande communauté des nations est la condition normale d'une nation particulière, comme vivre en société est la condition normale de l'individu ».

(1) « *Si nulla est communitas quæ sine jure conservari possit...., certe et illa quæ genus humanum aut populos complures inter se colligat, jure indiget* ». (Grotius, *De jure belli ac pacis*, Proleg., § 23).

(2) Holtzendorff, *op. cit.*, I, § 9, cherche le fondement du droit international dans une conciliation entre deux tendances, la tendance particulariste de l'Etat et la tendance cosmopolite de l'humanité vers la communauté du droit. L'idée a été reprise par Chauveau, *op. cit.*, nos 17 et s. L'important, c'est de ne pas faire intervenir, comme certains auteurs (*Revue de Droit international*, XVII, p. 425), dans le fondement du droit des gens l'idée métaphysique d'une loi divine. Grotius l'avait bien compris, quand, après avoir placé le principe du droit dans la nature sociable de l'homme et dans la raison, c'est-à-dire dans des faits dont l'existence est démontrée expérimentalement, il faisait ressortir les avantages de cette méthode en ces termes : « *et hæc quidem quæ jam diximus, locum aliquem haberent, etiam si daremus, quod sine summo scelere dari nequit, non esse Deum aut non curari ab eo negotia humana* ». (*De jure belli ac pacis*, Proleg., § 11).

d'un État déterminé, il a comme champ d'action les relations des États entre eux.

2. — Cette expression de droit international, pour désigner l'ensemble des règles qui gouvernent la société des États, est d'invention relativement moderne. Elle n'est pas contemporaine de la branche du droit qu'elle sert à désigner. Lorsqu'à la fin du XVIe siècle, commença à se préciser la notion d'une société des États et d'un ensemble de règles destinées à la régir, les jurisconsultes ne se mirent pas en grands frais pour trouver une dénomination à ce droit nouveau, dont ils cherchaient à exposer les règles. Ils rencontraient, tout établie, une expression qui, créée par les Romains, reprise depuis le XIIIe siècle, était restée en quelque sorte traditionnelle, celle de *jus gentium*. Ils s'empressèrent de l'adopter, sans se rendre compte que l'adaptation était maladroite, qu'elle faisait servir des mots à des idées autres que celles pour lesquelles ils avaient été jusque-là employés.

C'est ce que comprit, au milieu du XVIIe siècle, un jurisconsulte anglais, Zouch, et, dans un ouvrage sur lequel j'aurai l'occasion de revenir (1), il crut devoir, pour remettre les termes en harmonie avec la nature des règles qu'ils servaient à désigner, substituer à la dénomination de *jus gentium* la dénomination plus exacte de *jus inter gentes* (2). La terminologie était sur la voie qui devait l'amener à l'expression moderne de droit international. Un siècle et demi plus tard, Bentham arrivait, par une transposition en langue anglaise des mots *jus inter gentes*, à l'expression de *international Law* (3), dont, à son tour, un ami de Bentham, le Génevois Étienne Dumont tirait au commencement du siècle la traduction française de droit international. C'est ainsi que, de traduction en traduction, l'expression de droit international pénétrait dans notre langue où, plus heureuse que celle de

(1) *Juris et judicii fecialis* sive juris inter gentes *et quæstionum de eodem explicatio* (1650).

(2) Cf. Geffcken, R. D. I., XVI, p. 101.

(3) *Principles of international Law* (1786-1789).

droit entre les gens, proposée cependant par d'Aguesseau, elle devait rester (1).

La dénomination primitive de *jus gentium* ne devait pas pour cela disparaître. Traduite en français, elle était devenue dans notre langue le droit des gens. Elle y a été, au XVIIIe siècle, et elle y est restée, depuis, d'un usage courant. Entre elle et la dénomination de droit international, il s'est établi toutefois une différence. L'expression droit des gens s'est spécialisée dans son application : elle n'est plus employée que pour désigner l'une des branches du droit international, celle que l'on est convenu d'appeler, comme on va le voir, le droit international public (2).

(1) Répond-elle entièrement à toutes les exigences doctrinales ? Elle y répondait au XVIIIe siècle, alors qu'on faisait de nation et État des termes synonymes. Elle n'y répond plus maintenant qu'on distingue la nation, groupement naturel, de l'État, groupement politique. Ce ne sont pas en effet les nations, mais seulement les groupes sociaux organisés en États, qui sont les sujets du droit international. Comme l'a fait observer Geffcken (Heffter-Geffcken, § 1, note 2), l'expression *interstate Law*, proposée par certains publicistes anglais et américains, serait beaucoup plus conforme à la vérité. Le malheur est qu'il serait très difficile, pour ne pas dire impossible, de lui trouver un équivalent dans les autres langues.

(2) Les publicistes anglais et américains se servent de l'expression de *international Law* de préférence à celle de *Law of nations*. Il en est de même en Italie, où *diritto internationale* est le terme le plus communément employé. Les publicistes espagnols et les publicistes portugais se servent indifféremment de *derecho internacional*, *derecho de gentes*, *direito das gentes*. En Allemagne, l'expression dominante est celle de *Vœlkerrecht*, traduction littérale de *jus gentium*. La dénomination de *internationales Recht* commence cependant à faire son chemin dans la terminologie. Bulmerincq a placé côte à côte les deux expressions dans le titre du précis, qu'il a composé pour le Manuel de droit public de Marquardsen : *Das Vœlkerrecht oder das internationale Recht* (*Handbuch des œffentlichen Rechts*, I², p. 177-391).

On rencontre également, mais alors comme synonyme de droit des gens au sens restreint du mot, l'expression de *Droit public externe*. De même que certains auteurs contemporains parlent de droit des gens européen, certains auteurs du siècle dernier, Mably entre autres, ont employé la dénomination de *Droit public de l'Europe*. Reprise par Talleyrand au congrès de Vienne, cette formule se retrouve dans les articles 7 et 15 du traité de Paris du 30 mars 1856. Cf. Holtzendorff, *op. cit.*, § 2; Rivier, *op. cit.*, p. 2, n. 4.

II. — Subdivision du droit international en droit international privé et droit international public.

3. — Pour peu qu'on réfléchisse aux questions que fait naître la coexistence de groupes politiques indépendants ou États, on voit qu'il s'en faut de beaucoup que ces questions se posent dans les mêmes termes, que les règles qui servent à les résoudre présentent les mêmes caractères. A cette différence dans l'objet des règles dont il se compose, correspond une subdivision du droit international en droit international privé et droit international public.

4. — *Droit international privé.* — Un acte juridique accompli par des particuliers peut, soit à raison du lieu où il est passé, soit à raison du domicile ou de la nationalité des parties en cause, mettre aux prises les législations de deux ou de plusieurs États, être du ressort de plusieurs lois internes, alors cependant que l'une d'entre elles doit seule recevoir application. De ces lois différentes qui revendiquent également la réglementation d'un même acte juridique, quelle est celle qui doit l'emporter, tel est le problème qui se pose.

J'ajoute que ce sont là des questions qui sont devenues de plus en plus fréquentes par suite de l'extension des relations commerciales, par suite aussi des nécessités économiques qui poussent nombre de particuliers à aller chercher fortune en pays étranger, des facilités enfin que ce mouvement d'émigration trouve dans le développement des moyens de communication. Les règles, qui servent à les résoudre, forment une branche spéciale du droit international, le droit international privé. Je le définis : la partie du droit international qui a pour objet, sinon exclusif, du moins essentiel, la solution des conflits, qui s'élèvent entre les législations internes d'États différents à l'occasion d'actes accomplis par des particuliers (1).

(1) Cf. Pillet, *Le Droit international privé* (*Journal de droit international privé*, 1893, p. 10).

Le droit international privé fait partie du droit international : car, « ayant pour objet immédiat et direct les rapports qui se forment entre les lois des États, il a par suite pour objet médiat et indirect certains rapports des États eux-mêmes (1) » ; c'est, en fin de compte, en un conflit de souverainetés, donc en un conflit entre États, que s'analyse le conflit de législations qu'il tranche. Il constitue dans l'ensemble du droit international une branche distincte, d'une part, à raison du domaine nettement circonscrit des questions auxquelles il se réfère, et, d'autre part, à raison du caractère particulier des règles dont il se compose : les conflits de lois s'élevant au cours de contestations portées devant l'autorité judiciaire d'un État déterminé, il arrive que ces règles sont appliquées par les tribunaux, et qu'elles trouvent dans l'exécution de leurs jugements la sanction judiciaire qui manque, on le verra, à la plupart des règles qui forment le droit international public (2). Il mérite enfin l'épithète de droit international *privé*, non pas, comme on le dit souvent, parce qu'il règle des intérêts privés, mais plutôt, parce que les intérêts qui donnent lieu aux conflits de législations qu'il tranche, sont des intérêts privés.

5. — *Droit international public ou droit des gens.* — Quels sont les caractères que doit présenter un groupe politique pour être considéré comme membre de la société des États ? Quels sont les droits et les devoirs des États, les conditions de validité, les causes d'extinction, les effets des conventions qu'ils passent entre eux ? Par quels organes correspondent-ils les uns avec les autres ? Quelles sont les modifications qu'apporte dans les rapports des membres de la communauté internationale le fait, que l'un d'eux recourt aux armes pour

(1) Lainé, *Introduction au droit international privé*, p. 10. Cf. R. D. I., XVIII, p. 60 et s. Il est vrai que certains auteurs (Westlake, R. D. I., XII, p. 26 ; Rivier, *op. cit.*, p. 196 et les auteurs qu'il cite) ont prétendu, que c'était un tort de rattacher au droit international les règles qui servent à résoudre les conflits de lois entre États différents, et qu'on ne devait y voir « qu'un compartiment spécial dans l'interprétation du droit interne ». Je ne fais qu'indiquer la question, renvoyant pour les détails aux traités de droit international privé.

(2) Holtzendorff, *op. cit.*, I, § 16.

obtenir par la force les réparations qu'il n'a pu obtenir à l'amiable ?

Voilà toute une série de questions qui, par les termes dans lesquels elles se posent, sont en dehors de la sphère restreinte du droit international privé. Ce n'est pas à l'occasion d'actes juridiques intervenus entre particuliers, et sous la forme de conflits de législations, qu'elles se présentent. Les rapports à l'occasion desquels elles naissent ont ceci de caractéristique, c'est qu'un État y est *immédiatement* et *directement* partie. Les règles qui servent à les résoudre, les préceptes qui régissent les rapports des États sous ce nouveau point de vue, constituent l'autre subdivision du droit international, le droit international public ou droit des gens (1).

Je le définis : la partie du droit international, qui a pour objet les rapports entre États autres que les conflits de législations, auxquels donne lieu l'application des lois internes à des actes juridiques accomplis par des particuliers. On lui a donné l'épithète de *public* par une raison analogue à celle qui, en matière de législation interne, a conduit à la distinction entre le droit public et le droit privé. Je la résume d'un mot : le droit international est public ou privé, suivant que les rapports auxquels il se réfère concernent d'une manière *immédiate* et *directe* les États eux-mêmes, ou suivant que, ne s'établissant qu'à l'occasion d'actes juridiques intervenus entre particuliers, ils ne les concernent que d'une manière *indirecte* et *médiate* (2).

(1) Sur la synonymie des deux expressions, *suprà*, n° 2.

(2) Certains auteurs ont proposé une subdivision du droit international non pas en deux, mais en trois branches. La troisième branche comprendrait le droit international pénal, c'est-à-dire les règles destinées, d'une part, à résoudre les conflits de lois pénales, d'autre part, à concilier l'indépendance des États quant à leur territoire avec les nécessités de l'administration de la justice criminelle, à savoir les règles relatives à l'extradition. C'est là une classification que je ne crois pas devoir adopter. Non pas qu'avec certains auteurs (Lainé, *op. cit.*, p. 11-14), je fasse rentrer purement et simplement ce qu'on appelle le droit international pénal dans le droit international privé, mais bien, parce que les matières réunies sous cette étiquette me paraissent devoir être réparties, les unes, dans le droit international public, les autres, dans le droit international privé. Au premier, je rapporte l'étude de l'extradition ; au second, je rattache l'étude des conflits entre lois pénales. Cf. Rivier, *op. cit.*, p. 197, 198.

II

6. — On peut comprendre d'une double façon le problème que soulève la réglementation des rapports des membres de la société des États. On peut se demander *ce qui devrait être*, c'est-à-dire quelle est la manière la plus rationnelle d'organiser cette réglementation. Ou bien, on peut rechercher *ce qui est*, c'est-à-dire quelles sont les règles qui, suivies par les États, la réalisent dans la pratique. Selon le point de vue auquel on se place, le droit international public ou droit des gens se présente sous un double aspect théorique ou pratique.

I. — Droit des gens naturel ou théorique.

7. — Etant donné que les États forment une société, que cette société implique un ordre juridique, il y a des règles que la raison conçoit comme de nature à réaliser le plus de justice dans leurs relations entre eux. Elles forment ce qu'on peut appeler le droit des gens *théorique*, ou, pour me servir d'une expression traditionnelle, mais à laquelle je donne un sens sensiblement différent de celui qu'on lui donnait jadis, le droit des gens *naturel*. S'il ne faut pas, comme l'a fait une certaine école, nier l'existence d'un élément naturel dans le droit des gens, il ne faut pas non plus en exagérer l'importance, le rôle, le caractère.

8. — C'est ainsi qu'on a enseigné jadis et qu'on a répété de nos jours, que cet élément naturel constituait un droit nécessaire, supérieur, primitif, absolu, immuable. J'accorde que c'est un droit nécessaire, mais en ce sens qu'il est de l'intérêt bien entendu des États de s'en inspirer dans la formation du droit positif, que c'est vers une conformité de plus en plus étroite des règles pratiques avec les règles rationnelles que leurs efforts doivent tendre (1). Je ne ferai pas

(1) Acceptées et « reconnues » par les États dans des conditions sur les-

non plus difficulté d'y voir un droit supérieur, à la condition toutefois de n'exprimer par là qu'un fait : c'est que, à toute époque, l'élément théorique du droit des gens se trouve être, à raison même de la source d'où il dérive et des circonstances dans lesquelles il se forme, en progrès, en avance sur l'élément pratique.

On a prétendu que les règles rationnelles constituaient un droit primitif, préexistant. Sur ce point encore, il faut s'entendre. Il est bien vrai que l'on peut concevoir, abstraction faite de toute réalisation pratique, une réglementation théorique des rapports entre États. Il est encore vrai que, lorsqu'au XVIIe siècle des auteurs ont commencé à écrire sur l'ensemble du droit des gens, c'est de son élément naturel qu'ils se sont tout d'abord préoccupés, c'est de lui qu'ils ont fait, en quelque sorte, la trame de leurs ouvrages. Ce que, par contre, je ne saurais admettre, ce serait, qu'en présentant l'élément rationnel du droit des gens comme un droit primitif, préexistant, on entendît par là que les États en avaient déjà la conscience, lorsqu'ils ont commencé à adopter certains usages, certaines règles de conduite dans leurs relations entre eux. L'histoire nous montre en effet qu'il y a eu, dans la vie internationale, des usages suivis, des habitudes adoptées, bien avant qu'on eût soupçonné la notion qui est précisément la donnée première du problème de la réglementation rationnelle des rapports entre États, à savoir la notion qu'il existe une société des États.

Peut-on voir, enfin, dans l'élément théorique du droit des gens un droit immuable, absolu ? Pas davantage. Si la justice et l'équité sont, en elles-mêmes, immuables et absolues, il n'en va pas de même de la manière dont elles se révèlent à nous, dont nous comprenons leur application à un rapport déterminé. L'idée que nous nous en faisons, les conséquences que nous en déduisons, varient avec l'état général de la conscience juridique. Et c'est ainsi que, tout en réalisant un

quelles je reviendrai, les règles du droit naturel forment alors dans l'ensemble du droit positif un élément spécial que, pour le distinguer des autres, j'appellerai l'élément nécessaire (*infrà*, n° 13).

progrès sur l'élément positif, l'élément théorique du droit des gens se trouve lui aussi avoir quelque chose de variable et de contingent ; car il subit l'influence du mouvement qui se produit dans les idées, les mœurs, la civilisation.

9. — A mon sens, voici dans quels termes, il faut entendre le problème auquel répond la détermination du droit des gens naturel : étant donné que les États composent une société, rechercher les règles qui, *tout en tenant compte de la nature spéciale de la communauté internationale, notamment de l'indépendance et de la souveraineté des États*, sont susceptibles de réaliser le plus de justice dans leurs relations. Ainsi comprise, l'étude théorique du droit des gens présente une double utilité, en ce qu'on peut dire de l'élément naturel du droit des gens qu'il *prépare* et *contrôle* l'élément pratique. Il le *contrôle* : car il permet de porter un jugement sur la valeur des règles suivies dans la pratique, sur les défectuosités qu'elles présentent, sur les réformes qu'il convient d'y apporter. Il le *prépare* : le progrès du droit international n'est autre, que la pénétration progressive dans sa partie positive, des solutions rationnelles dégagées dans sa partie théorique.

10. — On verra que la détermination de l'élément théorique du droit des gens est l'un des objets de la science du droit international. Elle occupe, sous sa forme critique, une large place dans les travaux des publicistes contemporains (1) Elle forme l'un des buts que se propose une institution qui est appelée à exercer la plus grande influence sur le développement du droit des gens, l'*Institut de droit international*. Cette association, « exclusivement scientifique et sans caractère officiel », qui s'est fondée en 1873, se compose de membres choisis « parmi les hommes de diverses nations qui ont rendu des services au droit international, dans le domaine de la théorie ou de la pratique ». Elle tient, à des époques périodi-

(1) Ont-ils toujours compris le problème, que soulève la détermination de l'élément naturel du droit des gens, dans les termes où je l'ai posé ? Non, malheureusement. De là, des conceptions chimériques qui ont provoqué des jugements parfois sévères sur ce côté du droit international.

ques, des sessions où elle s'occupe des solutions rationnelles à donner aux problèmes du droit des gens.

L'Institut s'est assigné pour tâche « de favoriser le progrès du droit international : 1° en travaillant à formuler les principes généraux de la science, *de manière à répondre à la conscience juridique du monde civilisé* ; 2° en donnant son concours à toute tentative sérieuse de codification graduelle et progressive du droit international ; 3° en poursuivant la consécration officielle des principes qui auront été reconnus comme étant en harmonie avec les besoins des sociétés modernes ; 4° en contribuant, dans les limites de sa compétence, soit au maintien de la paix, soit à l'observation des lois de la guerre ; 5° en examinant les difficultés qui viendraient à se produire dans l'interprétation ou l'application du droit, et en émettant, au besoin, des avis juridiques motivés dans les cas douteux ou controversés ; 6° en concourant par des publications, par l'enseignement public et par tous les autres moyens, au triomphe des principes de justice et d'humanité qui doivent régir les relations des peuples entre eux (1) ».

II. — Droit des gens positif ou pratique.

11. — Il y a tout un ensemble de règles, dont le consentement des États a fait des préceptes pratiquement obligatoires, et qu'ils sont tenus d'observer dans leurs relations entre eux. Ces règles, plus ou moins conformes aux données du droit des gens théorique, forment le droit international public *positif* ou *pratique*. Il est aux membres de la communauté internationale, ce qu'est, dans l'intérieur d'un État, le droit interne positif aux citoyens qui le composent. Il y a, toute-

(1) Sur les considérations qui ont déterminé Rolin-Jacquemyns à provoquer la fondation de cette institution, R. D. I., V, p. 463 et s. Sur les circonstances dans lesquelles s'est effectuée cette création, R. D. I., V, p. 667-711. Depuis 1877, l'Institut fait paraître un annuaire, l'*Annuaire de l'Institut de droit international*, où l'on trouvera les procès-verbaux de ses travaux. Ses statuts ont été révisés, en 1880, à la session d'Oxford (*Annuaire*, v, p. 1-8).

fois, entre l'élément positif du droit des gens et l'élément positif des législations internes, des différences qui ne sont, elles-mêmes, que la conséquence des différences qui existent entre les milieux dans lesquels ces deux ordres de droit fonctionnent.

Dans l'état actuel des législations internes positives, la forme normale, sous laquelle leurs prescriptions se présentent, est celle de lois écrites, émanées d'une autorité supérieure, distincte des membres de l'association, et qu'on nomme le pouvoir législatif. L'organisme politique, dans un groupe déterminé, comprend en outre un rouage exécutif, chargé d'assurer l'exécution des lois, des tribunaux permanents, chargés d'en faire l'application aux cas litigieux qui peuvent surgir entre les particuliers. Nous ne trouvons rien de pareil dans la société, dont les États sont les personnes. Il n'y existe pas d'organe législatif ayant mission de formuler les prescriptions, dont se compose l'élément positif du droit des gens. On n'y rencontre ni organe exécutif, ni tribunaux, chargés d'en assurer l'exécution. Faut-il considérer comme une lacune, une défectuosité de la communauté internationale, cette absence d'institutions supérieures aux États? Doit-on désirer qu'il se produise, dans cette société, une évolution analogue à celle qui s'est produite dans l'intérieur de chacun des groupes politiques dont elle se compose, évolution dont le résultat serait de donner à la communauté internationale les rouages législatif, exécutif, judiciaire, qui lui manquent, et de faire disparaître les différences qui existent entre le droit positif qui régit cette société et le droit positif qui régit chacun des États dont elle est formée?

On l'a dit. Des publicistes ont présenté comme un progrès à réaliser, un idéal à atteindre, l'organisation de la société internationale sur les bases d'un vaste groupement fédératif. D'autres, reprenant une idée qui avait déjà été formulée par Kant à la fin du siècle dernier, ont affirmé, que cette superposition aux États d'un organisme politique supérieur est « le problème final du droit international » (1). Je retrouverai ces

(1) Lorimer, R. D. I., IX, 1877, p. 161et s.

projets, lorsque, m'occupant des litiges internationaux, j'aurai à indiquer les efforts tentés pour faire disparaître les solutions violentes, notamment la guerre. Pour l'instant, je me contente de laisser entrevoir ce que j'en pense. A mon sens, l'absence d'un organisme supérieur ne doit pas être considérée comme une défectuosité de la société internationale, mais comme une des nécessités de sa nature. Résumant ma pensée dans une formule, je dirai que, si la subordination à un organisme politique est pour l'individu la condition de son progrès, l'indépendance de tout organisme supérieur est, au contraire, la condition nécessaire pour que l'État puisse remplir sa mission, réaliser sa fin (1).

Reste donc ce fait, c'est que la communauté internationale, envisagée dans la manière dont elle fonctionne, est une société d'une nature particulière. Elle repose, non pas sur la subordination de ses membres à une autorité politique commune, mais sur le sentiment qu'ils ont de la réciprocité de droits et de devoirs qui doit exister entre eux. Cette nature spéciale de la société, que le droit des gens positif est appelé à régir, se retrouve dans les règles dont ce droit se compose. Ces règles présentent un caractère à part, et quant aux sources d'où elles dérivent, et quant à la sanction qui en garantit l'exécution.

12. — A) *Sources du droit des gens positif* (2). — Ses préceptes ne se présentent pas sous la forme de lois, émanées d'une autorité supérieure, mais dérivent de la volonté immédiate de ceux-là mêmes qu'ils régissent, à savoir les États. La volonté immédiate des États, telle est donc la source du droit des gens positif. Cette volonté est *expresse*, lorsqu'elle s'exprime dans des traités. Elle peut être *tacite*, et résulter soit de la coutume, soit de l'observation, à un moment donné, par les États de certains principes rationnels, dont ils se

(1) Cf. F. de Martens, *op. cit.*, I, p. 268, 273, 274.

(2) Bergbohm, *Staatsverträge und Gesetze als Quellen des Vœlkerrechts*, 1877 ; Holtzendorff, *op. cit.*, I, §§ 21-39 ; Bulmerincq, *op. cit.*, § 11 ; Gareis, *op. cit.*, § 9 ; Rivier, *op. cit.*, § 2 ; Renault, *op. cit.*, p. 32-54 ; Chauveau, *op. cit.*, § 9.

trouvent par là avoir implicitement « reconnu » la nécessité (*necessitas*). Et c'est ainsi qu'on peut dire de la coutume, de la *necessitas*, des traités, qu'ils sont, en tant qu'ils manifestent ou impliquent chez les États la volonté de faire d'une règle un précepte de droit, les sources du droit international positif (1).

(1) *Omne jus aut consensus fecit, aut necessitas constituit, aut firmavit consuetudo* (Modestin, l. 40, Dig. *De legibus*, 1, 3). J'ajoute qu'en dehors de ces trois sources, il n'y en a pas d'autres. Il ne faut pas en effet confondre les sources du droit, c'est-à-dire les sources qui produisent le droit, avec les instruments documentaires qui servent à en avoir connaissance. C'est pour n'avoir pas tenu compte de cette distinction, que des auteurs ont rangé parmi les sources du droit positif les écrits des publicistes et des jurisconsultes, les lois internes, les décisions des tribunaux. Je reviendrai, par la suite, sur le caractère documentaire qu'il convient de donner aux écrits des auteurs (science, doctrine). On ne doit pas davantage ranger parmi les sources du droit des gens positif, quelques ingénieuses raisons qui aient été données en faveur de la thèse contraire (notamment par Zorn dans les *Hirth's Annalen*, 1882, p. 81 et s., p. 409 et s., et dans la *Kritische Vierteljahresschrift*, 1885, p. 385, 386), les lois internes en tant qu'elles se réfèrent à des matières internationales : devoirs que la neutralité impose aux particuliers, prises, agents diplomatiques, consuls, extradition. Ce qui distingue le précepte du droit des gens positif, c'est son applicabilité soit à tous les États qui composent la communauté internationale, soit du moins à plusieurs d'entre eux. C'est là un caractère que nous trouvons dans les règles auxquelles les traités, la coutume, la *necessitas* donnent naissance, et qui fait qu'on peut dire des traités, de la coutume, de la *necessitas*, qu'ils sont des causes génératrices du droit, des sources du droit des gens positif. Nous ne le trouvons pas au contraire dans les prescriptions des lois internes, lesquelles n'ont de valeur que pour l'État de qui elles émanent : le principe de l'indépendance des États s'oppose à ce que leur force impérative dépasse le territoire de l'État qui les a établies. Est-ce donc à dire, qu'il n'y ait pas à en tenir compte dans la détermination du droit des gens positif ? Nullement. Si les lois internes n'ont pas la valeur de sources du droit, elles peuvent du moins avoir celle d'instruments documentaires servant à sa connaissance. Cela se présentera dans les trois hypothèses que voici : a) la reproduction de dispositions identiques dans des lois successivement promulguées sur une même matière par les différents États, peut aboutir à la formation d'une règle coutumière. Etant des actes d'État, les lois internes peuvent entrer dans la formation d'une coutume internationale. Il ne faut pas perdre de vue, toutefois, que ce qui donnera dans ce cas à la disposition la force obligatoire d'un précepte international, ce sera sa répétition, donc la coutume. La loi interne n'a joué que le rôle d'élément constitutif de coutume ; elle n'a qu'une valeur documentaire. b) Il est possible qu'on trouve, à un moment donné, dans les législations internes des différents États, l'appli-

Entre ces trois sources, traités, coutume, *necessitas*, je relèverai d'ailleurs des différences. Si on les envisage à un point de vue externe, on voit qu'elles n'ont pas le même caractère : on peut dire, en donnant aux mots, non pas le sens que les Romains leur attachaient, mais celui qu'ils ont pris à une certaine époque de notre histoire, que les traités constituent un *droit écrit* (*jus scriptum*), tandis que les coutumes et les règles que je range sous le vocable *necessitas*, constituent un *droit non écrit* (*jus non scriptum*).

D'autre part, si on les examine au point de vue de leur champ d'application, on voit qu'elles sont loin d'avoir la même portée. Ce qui caractérise le précepte de législation positive interne, c'est la généralité de son application. Dès l'instant qu'il a été formulé par un groupe politique, il fait partie

cation d'un principe théorique qui n'avait pas encore été consacré par la pratique. Cette concordance témoigne que les Etats se sont rendu compte de sa nécessité, qu'ils l'ont « reconnu », qu'ils en ont fait un précepte positif. Dans ce cas encore, les lois internes vaudront comme instruments documentaires (Gareis, *op. cit.*, p. 33, 34). c) Des lois internes peuvent être enfin la mise à exécution, dans un groupe politique déterminé, d'obligations qu'impose aux Etats un précepte coutumier ou conventionnel déjà établi. Telles, par exemple, les lois de neutralité. Ces lois ont une valeur documentaire, en ce qu'elles constatent l'existence du précepte dont elles sont l'application ; elles ont de plus cette autre utilité, c'est de lui donner une sanction judiciaire, en tant qu'il crée des obligations pour les particuliers. Restent les décisions des tribunaux, soit décisions de juridictions nationales sur des matières se rapportant au droit des gens, prises, immunités diplomatiques, piraterie, extradition, soit décisions des tribunaux d'arbitrage international. Il est bien évident, que les décisions des juridictions nationales ne peuvent pas être en elles-mêmes des sources du droit : leur autorité ne dépasse pas le territoire de l'État au nom de qui elles ont été rendues. Elles peuvent du moins avoir une valeur documentaire, soit que, par leur concordance, elles impliquent de la part des États la « reconnaissance » d'une règle théorique, soit qu'elles constatent l'existence d'une règle coutumière ou conventionnelle dont elles font l'application, soit enfin qu'actes d'État, elles entrent dans la formation d'une coutume internationale. De la répétition de décisions semblables, rendues dans les mêmes cas par les tribunaux des différents États, pourra se dégager une règle, à laquelle la coutume donnera la force d'un précepte positif, obligatoire dans l'avenir. Il va de soi, qu'à ce triple point de vue, il faut attacher une importance documentaire toute particulière aux sentences arbitrales rendues dans des conflits entre États.

de sa législation et s'applique non seulement aux individus que comprenait le groupe au moment où il a été édicté, mais encore à ceux qui en feront partie par la suite. Le seul fait, que l'on devient, par naissance ou autrement, membre d'un groupe politique, implique acceptation de toutes les règles qui composent son droit positif.

Cette généralité d'application, nous ne la retrouvons que dans deux des sources du droit international positif : la coutume et la *necessitas*. Les règles qui en découlent, s'appliquent même aux États qui ne faisaient pas encore partie de la communauté internationale, au moment où elles ont pris la force obligatoire de règles positives. Par cela seul qu'un groupe politique de formation nouvelle revendique la personnalité internationale, il est censé accepter, « reconnaître », les règles coutumières, et celles que je rattache à la *necessitas* ; car elles sont comme les données indispensables, d'où dépend l'ordre juridique de la communauté dans laquelle il prétend entrer.

Il en va autrement des règles établies par les traités. Elles ne sont obligatoires que pour les États qui ont été parties contractantes à la convention d'où elles dérivent, ou pour ceux qui ont manifesté d'une manière formelle l'intention de se les approprier. Le seul fait de se présenter comme membre de la société internationale, qui implique acceptation de l'élément *non écrit* de son droit positif, n'est pas considéré comme impliquant acceptation de l'élément *écrit*, c'est-à-dire du droit conventionnel qui résulte des traités. Dès lors, résumant cette différence, je dirai que, tandis que la coutume et la *necessitas* constituent des sources du droit international positif à portée générale, les traités, eux, n'en sont qu'une source à portée relative (1).

13. — 1° *Necessitas*. J'entends par là des règles du droit des gens rationnel, que les États ont « reconnues », auxquelles ils ont donné la valeur d'un droit pratique, parce qu'ils ont eu la conscience qu'elles étaient *nécessaires* à l'or-

(1) Cf. Gareis, *op. cit.*, p. 29, 32.

dre de leurs relations. D'où l'on peut dire, pour les distinguer des autres parties du droit positif, qu'elles constituent un *jus necessarium*.

Ce *jus necessarium* diffère de l'élément naturel du droit des gens, en ce que les règles dont il se compose ne sont plus simplement un droit théorique, mais ont la valeur d'un droit pratique, « reconnu » et suivi par les États. D'autre part, il a sa physionomie propre dans l'ensemble du droit positif. Il ne fait pas partie du droit conventionnel : il n'a pas été établi par traités. Il ne rentre pas davantage dans la partie coutumière du droit des gens : il n'est pas une simple émanation de la coutume. Les règles dont il se compose ne se sont pas formées, comme se forment les règles coutumières. Elles ne sont pas le produit d'une série d'actes concordants accomplis par les États. Elles ne sont pas passées par cette phase intermédiaire, par laquelle passent les règles coutumières, que j'appelle la phase de la simple utilité, et pendant laquelle des usages sont considérés comme simplement utiles, et non comme obligatoires. Elles se forment par une « reconnaissance » immédiate et collective de la part des États.

Comme applications de ce *jus necessarium*, je citerai : 1° le principe qu'il est des droits et des devoirs fondamentaux qui dérivent pour les États du seul fait de leur existence ; 2° la règle qu'ils doivent tenir pour obligatoires les traités qu'ils ont valablement conclus (1).

14. — 2° *Coutume*. Il y a des usages que les États se sont d'abord mis à suivre parce qu'ils les jugeaient utiles ; puis, en les répétant d'une manière continue, ils ont manifesté la volonté d'en faire la règle juridique qui devait les régir, toutes les fois que se reproduirait la situation en vue de laquelle l'usage s'était formé. De telle sorte que ce qui n'avait été que simple façon d'agir au début, s'est trouvé transformé, par la coutume, en un précepte de droit positif obligatoire pour les États dans telle ou telle situation déterminée.

(1) Gareis, *op. cit.*, p. 30, 81, 179, 180. Cf. Rivier, *op. cit.*, p. 10, p. 39, n. 4, p. 306 ; R. D. I., 1892, XXIV, p. 553 et s.

De cette définition, il résulte que : 1° les seuls actes qui puissent entrer dans la formation d'une coutume internationale, et, partant, les seuls actes dont on doive induire la preuve directe de son existence, ce sont les actes émanés des États et de leurs organes. J'ai indiqué quelle était l'utilité que pouvaient présenter, comme éléments constitutifs de coutumes, les lois internes et les décisions des juridictions nationales (1) ; je reviendrai dans un instant sur le rôle que peuvent jouer, à ce point de vue, les traités. Par contre, on ne peut pas voir des actes pouvant aboutir à la formation d'une règle coutumière, ni dans les écrits des publicistes, ni dans les opinions des jurisconsultes, et cela, quelque considérable que soit leur autorité doctrinale, fussent-ils même revêtus, comme jurisconsultes de la couronne, d'un certain caractère officiel. Ils ne sont pas des organes des États. Leurs écrits ne sont pas des actes des États. Leurs opinions ne sont jamais que des opinions privées. S'il peut être utile, comme on le verra, de se servir de leurs ouvrages, c'est du moins, non pas à titre d'éléments constitutifs de coutumes qu'il les faut consulter, mais seulement à titre d'instruments documentaires *indirects* et à raison des renseignements qu'ils fournissent sur les coutumes *établies* (2).

2° Il faut, pour qu'on puisse voir dans des façons d'agir l'expression d'une règle obligatoire pour l'avenir, qu'elles aient été répétées pendant un long temps : la coutume doit être *inveterata*. Il faut de plus, qu'elles aient toujours été identiques à elles-mêmes pour une même situation donnée : l'usage doit être *continuus*.

3° Il faut enfin, pour qu'ils puissent aboutir à la formation d'une règle coutumière, que les actes répétés émanent de tous les États qui, à une époque donnée, composaient la société

(1) V. ci-dessus p. 22, note.

(2) C'est donc à tort, qu'au point de vue de la force probante, Grotius a placé le *testimonium peritorum* sur la même ligne que l'*usus continuus* : « *probatur autem hoc jus gentium pari modo quo jus non scriptum civile, usu continuo et testimonio peritorum* ». (Liv. I, c. I, § 14). Cf. Rivier, *op. cit.*, p. 10, note 1.

internationale. Non seulement la répétition d'actes, lorsqu'elle émane d'un seul État, ne donne pas lieu à une coutume obligatoire pour les autres, mais elle n'engage même pas pour l'avenir l'État qui en est l'auteur.

15. — Suivant son objet, la coutume est tantôt impérative, tantôt prohibitive (1). Une fois établie, elle est obligatoire même pour les États qui n'existaient pas encore au moment où elle s'est formée (2). La coutume conserve sa force obligatoire, tant que les États n'ont pas manifesté d'une manière expresse ou tacite la volonté d'y mettre fin. Il y a abrogation *expresse*, lorsqu'elle résulte d'un traité, soit que le traité se contente de mettre fin à une règle coutumière (3), soit qu'il établisse une règle nouvelle qui lui est contraire. Il y a abrogation *tacite*, lorsque les États agissent d'une façon répétée et continue, comme si la coutume n'existait plus : on dit alors que la coutume prend fin par désuétude. L'abrogation tacite peut résulter également de la création d'une nouvelle règle coutumière contraire à la première.

16. — L'élément coutumier occupe une large place dans le droit international positif. La coutume est la source qui a le plus activement contribué à sa formation : c'est d'elle qu'émanent la plupart des règles du droit des gens maritime, du droit de la guerre, celles qui concernent les immunités des agents diplomatiques. Elle présente toutefois ce grave inconvénient, inhérent à tout droit non écrit, c'est qu'il peut y avoir parfois des doutes et sur son existence et sur sa teneur (4). Je

(1) Gareis, *op. cit.*, p. 31.

(2) Elle est obligatoire également pour les États qui, s'ils existaient au moment où elle s'est formée, n'étaient pas du moins dans les conditions voulues pour qu'elle leur fût applicable. C'est ainsi, qu'un État se trouvera soumis aux règles coutumières du droit des gens maritime, par cela seul que, par l'effet d'un agrandissement territorial, il deviendra une puissance maritime.

(3) Je suppose, bien entendu, que le traité intervient entre tous les membres de la communauté internationale. S'il s'agissait d'un traité particulier, intervenant seulement entre deux Etats, il y aurait non pas abrogation de la coutume, qui resterait obligatoire pour les États qui n'ont pas pris part au traité, mais simplement création entre deux Etats d'un régime conventionnel portant dérogation à la coutume.

(4) On dit parfois (Chauveau, *op. cit.*, p. 66,78) que, la coutume ne pou-

reviendrai, par la suite, sur les instruments documentaires à consulter pour la connaissance de la partie coutumière du droit international positif. J'ajoute, que les États ont un moyen de mettre hors de toute incertitude l'existence et la portée d'une règle coutumière, c'est de la consigner dans un traité.

17. — 3° *Traités*. Les traités sont les conventions entre États. On appelle traités *particuliers*, les traités qui interviennent entre contractants à nombre fixe et déterminé ; les traités *collectifs*, c'est-à-dire passés entre un groupe plus ou moins nombreux, mais limité, d'États, en sont une variété. On appelle traités *généraux*, ceux pour lesquels le cercle des contractants n'est pas limité. On verra que c'est cette forme de traités à nombre illimité de contractants, que revêtent ceux des traités dont on peut, à proprement parler, dire qu'ils sont une source du droit.

On désigne, sous le nom de *droit conventionnel*, l'ensemble des rapports juridiques qu'ont établis, entre les États, les traités qu'ils ont conclus. Il ne faut pas, toutefois, se méprendre sur la portée de cette expression, l'entendre en ce sens, que tous les traités indistinctement jouent le rôle de sources du droit, que toutes leurs stipulations ont également le caractère de préceptes du droit international positif. Normalement, dans leur application la plus ordinaire, les stipulations des traités n'ont rien de la généralité qui caractérise le précepte du droit positif; elles ont, tout au contraire, quelque chose de contingent, de personnel, de limité ; elles n'ont de sens et ne peuvent avoir d'application que pour les États qui les ont conclues, et dont elles règlent certains intérêts d'ordre politique ou économique. Le rôle le plus habituel des traités, c'est, en effet, d'être aux États ce que les contrats sont aux particuliers. Leur étude offre assurément une grande im-

vant être modifiée que du consentement de tous les Etats, elle offre cet avantage d'une plus grande stabilité. Outre que je verrais dans cette immobilité plutôt un défaut qu'une qualité, je n'aime pas beaucoup l'observation, qui donnerait à penser que les États peuvent, à leur gré, se dégager des traités qu'ils ont conclus.

portance: ils modifient la condition juridique dans laquelle un État se trouve par rapport à d'autres États ; ils font naître des droits et des obligations distincts des droits et des obligations, qui dérivent pour les États du fait seul de leur existence. Toujours est-il, cependant, qu'on ne peut pas plus dire des clauses qu'ils renferment qu'elles sont des préceptes du droit des gens positif, qu'on ne peut dire des clauses contenues dans les contrats entre particuliers qu'elles constituent des préceptes de la législation interne positive (1).

18. — Dans quelle mesure donc les traités coopèrent-ils à la formation du droit international positif? Dans quels cas peut-on vraiment dire d'eux qu'ils sont des sources du droit? Pour donner à la question une réponse exacte, il nous va falloir faire des distinctions, sérier les hypothèses :

a) Un traité énonce une règle, qui faisait déjà partie du droit coutumier, afin de la fixer par écrit. On ne peut pas dire de ce traité qu'il fonctionne comme source du droit. Il ne donne pas naissance à une règle nouvelle, il ne fait que rappeler une règle qui existait déjà. De ce qu'elle se trouve consignée dans un traité, la règle n'en conserve pas moins son caractère coutumier. Donc : 1° lors même que le traité dans lequel elle est relatée serait un traité particulier, la règle n'en reste pas moins obligatoire pour les Etats qui ne sont pas parties contractantes. Ce n'est pas en effet du traité, mais de la coutume, qu'elle tire sa force de prescription positive. 2° Elle garde sa force obligatoire, sa valeur de précepte positif, malgré la résolution du traité dans lequel elle est consignée, à moins que la résolution n'intervienne dans des conditions telles, qu'elle doive être considérée comme impliquant abrogation (2).

(1) Le principe que les conventions font la loi des parties, vrai des contrats du droit international comme des contrats du droit privé, veut dire, non pas que leurs stipulations sont des lois, mais seulement qu'elles ont entre les parties contractantes la même force obligatoire que des lois. Cf. R. D. I., 1886, XVIII, p. 60-66.

(2) Tel est, notamment, le caractère que je donne à un texte, sur lequel j'aurai l'occasion de revenir, l'article 6 du traité d'arbitrage anglo-améri-

b) On ne peut pas davantage attribuer le rôle de source du droit aux traités particuliers, qui se contentent de faire application à un cas déterminé soit d'une règle coutumière qui existait déjà, soit d'une règle conventionnelle qu'avait établie un traité antérieur. Ils ne créent pas un précepte, puisque celui-ci existait déjà ; ils l'appliquent. Ces traités offrent cependant un double intérêt : 1° ils montrent, d'abord, que le précepte, dont ils sont l'application, est toujours en vigueur. Ce précepte est-il une règle coutumière, ils ont une valeur documentaire. 2° S'agit-il d'un précepte conventionnel, interviennent-ils entre Etats qui n'avaient pas pris part à l'élaboration du traité primitif qui l'avait créé, ils réalisent de leur part une acceptation expresse : ils étendent, quant aux sujets régis, le champ d'application du précepte conventionnel antérieurement établi (1).

c) Les traités peuvent, parce qu'ils sont des actes des États, fonctionner comme éléments constitutifs de coutumes. La répétition de clauses analogues, dans des traités particuliers de même ordre, passés entre États différents, pourra donner naissance, non pas seulement, comme on le dit d'habitude, à une clause de style, mais à une règle coutumière, obligatoire pour l'avenir. Comprenons bien, toutefois, le rôle que de pareils traités vont jouer dans la formation du droit positif. Ils n'agissent pas comme source directe du droit, mais comme éléments constitutifs de coutumes. Ces traités préparent la règle, mais c'est la coutume qui lui donne sa force obligatoire. La règle devra être considérée, non pas comme un précepte conventionnel, mais comme un précepte coutumier. La remarque a son importance. J'en conclus en effet que, précepte coutumier, elle participera, au point de vue de sa force obligatoire, du caractère de la coutume ; donc, qu'elle

cain du 8 mai 1871. Je dois dire, d'ailleurs, que, sur tous ces points, je m'écarte des idées généralement enseignées.

(1) Telles les conventions de navigation, intervenues entre puissances, qui n'avaient pas participé aux actes de Vienne, pour faire application à un cours d'eau déterminé des principes sur le régime des fleuves internationaux formulés par le congrès.

serait obligatoire même pour les États qui n'existaient pas encore au moment où elle s'est formée (1).

d) Enfin, il y a des traités qui sont conclus en vue d'introduire dans la pratique des règles qui, par leur caractère impersonnel, leur forme générale et impérative, sont destinées à jouer le role de véritables préceptes de droit positif. C'est alors vraiment, qu'on peut dire du traité qu'il fonctionne comme source du droit(2). Source du droit à portée, d'ailleurs, relative : le principe que les conventions n'ont d'effet qu'entre les parties contractantes (C. civ., art. 1165), qui est vrai, on le verra, du traité en tant que contrat du droit des gens, est également vrai du traité en tant que mode générateur de préceptes nouveaux. Autrement, ce serait permettre à certaines puissances d'exercer, à un moment donné, dans la communauté internationale, un pouvoir législatif, incompatible avec l'indépendance et l'égalité qui doivent régner entre les membres dont cette société se compose. Cette considération n'a pas été sans exercer son influence sur la forme, que revètent les traités générateurs de préceptes du droit des gens positif.

Les premiers exemples que nous en ayons, datent des congrès de Vienne (1815) et d'Aix-la-Chapelle (1818) (3). La décla-

(1) Gareis, *op. cit.*, p. 32; Rivier, *op. cit.*, p. 12.

(2) Ce que Bergbohm, *op. cit.*, Rivier, *op. cit.*, p. 13, 14, expriment, en distinguant du traité, simple contrat du droit des gens, parce qu'il se refère à des *Rechtsgeschaefte* et que les parties contractantes n'y figurent que comme des *Rechtssubjecte*, les traités, sources du droit, parce qu'ils ont pour objet de *rechtsetzen* et que les Etats y figurent comme *rechtsetzende, rechtsbildende Faktoren*. Il peut se faire, qu'un traité fonctionne comme source *indirecte* du droit, par la création d'une institution investie d'une autorité réglementaire internationale. Telle, la commission européenne du Danube, créée par le traïté de Paris du 30 mars 1856. Ses règlements, notamment celui du 19 mai 1881 (N. R. G., 2e série, IX, p. 254 et s.), constituent de véritables règlements internationaux. Cf. Holtzendorff, *op. cit.*, p. 108, éd. fr., p. 107; Rivier, *op. cit.*, p. 15, note 1.

(3) Je ne crois pas en effet devoir ranger, pour des raisons qui se comprendront mieux plus tard, parmi les traités générateurs de préceptes du droit des gens positif, la déclaration russe du 28 février 1780 sur certains points de la neutralité maritime, malgré l'adhésion que lui donnèrent, de 1780 à 1783, la plupart des Etats européens.

ration du 8 février 1815 (annexe n° 15 de l'acte final du congrès), le règlement du 19 mars (annexe n° 17 de l'acte final), l'acte final du 9 juin 1815 sont autant de traités générateurs de préceptes positifs, la première, par la prohibition qu'elle édicte contre la traite, le second, par les règles qu'il établit pour le classement des agents diplomatiques, l'acte final, par les principes qu'il formule sur le régime des fleuves internationaux. Quant au protocole d'Aix-la-Chapelle du 21 novembre 1818, il complète le règlement de 1815 sur le rang des agents diplomatiques. La forme, sous laquelle ces instruments se présentent, est celle du traité collectif, passé entre un nombre plus ou moins étendu, mais limité, de contractants. Tandis que le protocole d'Aix-la-Chapelle n'est signé que des cinq grandes puissances qui, seules, avaient pris part au congrès de 1818, il s'est trouvé que les actes de Vienne ont compris tous les Etats chrétiens de l'Europe, c'est-à-dire à peu près tous les Etats qui, à l'époque, entraient dans la composition de la communauté internationale (1). Cette forme, qui se pouvait expliquer par le cadre encore restreint de la société des Etats et par l'hégémonie qu'exerçaient les grandes puissances qui composaient ce qu'on a appelé le directoire européen, était incompatible avec le développement qu'a pris depuis lors la communauté internationale, l'évolution qui s'y est accomplie dans le sens de l'égalité juridique des Etats. La pratique l'a compris. Elle a substitué à la forme du traité collectif un type de traité, dont elle devait faire un grand usage, qui lui sert à opérer l'unification de régime dans les services d'intérêt commun, celui du traité général à nombre indéfini de contractants.

Le problème à résoudre, c'est en effet de trouver un type de traité qui permette de réaliser pratiquement le caractère de généralité que doit avoir un précepte de droit positif, tout

(1) Il ne faut pas se méprendre ni sur la dénomination de traité général qu'emploie l'article 119 de l'acte final de Vienne, non plus que sur la portée de la clause d'accession qu'il renferme. Cette clause d'accession n'a qu'une portée restreinte. Elle ne s'applique qu'aux Puissances qui avaient été représentées au congrès. Il y a un État extra-européen, qui faisait déjà partie de la communauté internationale et qui, à s'en tenir au texte de l'article, n'était pas admis à s'en prévaloir, à savoir les Etats-Unis.

en tenant compte de ce fait, que les stipulations conventionnelles ne sont obligatoires que pour les parties qui y prennent part. Le traité général répond à ces exigences. S'il intervient à l'origine entre un groupe de puissances, toujours est-il qu'à la différence du traité collectif, le nombre des contractants n'est pas limité, le cercle des parties contractantes n'est pas fermé. Il peut toujours s'étendre, le nombre des contractants, toujours s'augmenter, grâce à la faculté d'accession que le traité réserve et qui permet à un Etat, qui n'avait pas pris part à l'origine à l'élaboration du traité, de devenir, après coup, un co-contractant dans les mêmes termes et avec les mêmes effets, que s'il avait figuré parmi les signataires primitifs.

C'est sous cette forme, de plus en plus nettement accusée, du traité général à nombre indéfini de contractants, que se présentent ceux des traités qui, depuis le milieu du siècle, ont eu pour objet d'introduire dans le droit positif des préceptes nouveaux : la déclaration de Paris du 16 avril 1856 qui modifie quelques-unes des règles de la guerre maritime ; la convention de Genève du 22 août 1864, sur le traitement des blessés en campagne ; la déclaration de Pétersbourg du 11 décembre 1868, sur l'emploi des projectiles explosibles ; l'acte de Berlin du 25 février 1885, source du droit, en tant qu'il formule pour l'Afrique les règles auxquelles est subordonnée l'efficacité d'une acquisition de territoire par occupation (1).

19. — Les préceptes conventionnels prennent fin par la volonté des États qui ont pris part ou qui ont accédé au traité qui les a formulés. Cette volonté peut être *expresse* et résulter d'une convention nouvelle, soit que cette convention

(1) Cf., sur l'application des traités générateurs du droit, Olivi (R. D. I., 1892, XXIV, 559-562). Il me paraît incontestable, quoiqu'on ait soutenu le contraire, que le traité, source du droit, a pour les parties contractantes la même force obligatoire que le traité, simple contrat du droit des gens. Maintenant, il peut se faire que des États n'aient pas cru devoir adhérer à un traité général, générateur de préceptes nouveaux. Comment régler l'application du traité dans les rapports des États qui ont adhéré et de ceux qui n'ont pas donné leur adhésion ? C'est à propos de la déclaration de 1856 que la question se pose, et que je l'étudierai.

abroge purement et simplement la règle établie, soit qu'elle formule une règle nouvelle qui lui est contraire. Cette volonté peut être *tacite* et résulter de ce que, pendant un certain temps, les États qui ont participé au traité ont adopté des façons d'agir qui impliquent, ou bien, qu'ils considèrent comme tombé en désuétude le précepte qu'ils avaient établi, ou bien, qu'ils lui substituent une règle coutumière contraire. Je n'hésite pas, en effet, à reconnaître à la coutume la puissance d'abroger les règles établies par les traités.

20. — On a vu que les traités sont une source du droit, dont on peut dire qu'elle est relative. On peut dire d'elle également qu'elle est subordonnée : le principe sur lequel repose la force des préceptes qu'elle crée, à savoir que le traité est obligatoire, est un principe qui découle lui-même d'une autre source du droit, la *necessitas* (1).

On s'est demandé quelle était, en tant que source du droit, la valeur des traités. Jugée par certains comme notablement inférieure à la coutume, elle a été par d'autres considérée comme lui étant de beaucoup supérieure. La vérité, c'est que, si le traité a cette infériorité de n'avoir qu'un champ d'application limité, il a par contre cet avantage, qu'étant écrit, il donne aux préceptes qu'il énonce une sûreté et une précision qui manquent parfois aux règles coutumières. La vérité aussi, c'est que les traités sont appelés à jouer dans l'évolution du droit des gens un rôle important : ils sont, pour les États, le moyen de faire passer, dans le droit pratique, les réformes rationnelles réclamées au nom du droit théorique. Faut-il aller plus loin, et voir dans le traité l'instrument par lequel pourra s'effectuer le grand travail de la codification du droit des gens positif ? Je ne fais pour l'instant qu'indiquer la question ; je me réserve d'y revenir.

21. — B) *Sanction du droit des gens positif.* — La sanction des préceptes du droit des gens positif diffère, suivant que la question de leur application se pose au regard des particuliers, ou au regard des États eux-mêmes.

(1) Gareis, *op. cit.*, p. 32.

Au regard des particuliers, ou, d'une façon plus générale, lorsque la question de leur application se pose à propos d'intérêts privés, — ce qui est d'ailleurs le cas exceptionnel, — les règles du droit des gens positif sont susceptibles d'une sanction judiciaire. C'est en effet un principe, dont j'aurai à relever plusieurs applications (1), que les tribunaux qui fonctionnent dans l'intérieur des États doivent tenir compte des règles du droit des gens (2), et qu'ils les doivent appliquer, lorsque de ces règles dépend la solution de la question qui est portée devant eux. Il est à noter, toutefois, que, même dans le cas où le droit des gens est susceptible d'une sanction judiciaire, ce n'est pas par des tribunaux à caractère international que cette sanction judiciaire est réalisée. Le droit des gens ne fait, en somme, qu'emprunter au droit interne, pour s'en servir, son procédé de sanction (3).

22. — La question change, lorsqu'il s'agit de poursuivre l'exécution des règles du droit international à l'égard des États eux-mêmes. D'une part, on ne peut plus songer à faire servir au droit des gens le procédé de sanction du droit interne ; on ne peut plus faire intervenir les tribunaux à caractère national, qui fonctionnent dans l'intérieur des États : le principe de l'indépendance des États s'oppose à ce que les

(1) Notamment à propos des traités, des immunités des agents diplomatiques et des chefs d'État.

(2) Ce qu'expriment certains jurisconsultes américains et anglais, en disant des règles du droit des gens qu'elles font partie du droit national : « *Law of Nations part of Law of Land.* » Phillimore, *op. cit.*, part. I, ch. 9, LX, 2e édition, t. 1, p. 76 ; Blackstone, *Commentaries on the Laws of England*, liv. IV, ch. 5, trad. Chompré, t. V, p. 303 ; Wharton, dans le passage cité par Sumner Maine, *Le droit international*, p. 47, 48.

(3) L'application des règles de la guerre maritime, dans la mesure où elles sont opposables aux particuliers, est poursuivie au moyen de tribunaux spéciaux que les belligérants instituent pour la durée de la guerre, les tribunaux des prises. Il ne faut pas, toutefois, exagérer, au point de vue de la sanction du droit des gens, l'importance de ces juridictions. Elles ont un caractère national. Je les définirais volontiers : une garantie de procédure, que chaque belligérant introduit dans l'exercice du droit qui lui appartient de se faire justice à lui-même. C'est le belligérant qui, sous forme de saisie, applique les lois de la guerre ; et c'est lui qui institue les tribunaux des prises, chargés de se prononcer sur la régularité de cette application.

juridictions de l'un aient action sur les autres. D'autre part, il n'existe pas dans la société internationale de tribunal commun, à caractère international, à qui l'État, victime d'une violation du droit des gens, puisse s'adresser pour obtenir les réparations auxquelles il croit pouvoir prétendre. Les conditions spéciales de la communauté internationale, qui ont déjà exercé leur influence sur la formation du droit qui la régit, vont également exercer leur influence sur la nature des sanctions qui en garantissent l'exécution.

Dans leur application aux États, les préceptes du droit des gens n'ont d'autres sanctions que des sanctions *extrajudiciaires* (1), qu'on peut décomposer en sanctions *directes* et sanctions *indirectes*. Les sanctions *directes* consistent dans le droit qui appartient à chaque État de se faire justice à lui-même, en usant des moyens de contrainte que le droit des gens met à sa disposition. Quant aux sanctions *indirectes*, elles consistent : 1° dans le blâme de l'opinion publique. L'opinion publique a pris une importance telle que les États doivent compter avec ses jugements (2). 2° Dans l'effet d'une loi, démontrée par l'histoire, et que j'appellerai la loi de réaction. Je la formule en ces termes : tout acte injuste, c'est-à-dire commis en violation d'une règle du droit des gens, produit des conséquences politiques qui, tôt ou tard, mais infailliblement, se retournent contre l'État qui en a été l'auteur (3).

(1) Les États peuvent, il est vrai, recourir à l'arbitrage pour la solution des conflits qui les divisent. J'aurai à revenir sur le progrès que ce mode de solution réalise, ainsi que sur le développement qu'il convient de lui donner. Ce qui n'empêche qu'en fin de compte, l'arbitrage se résout en une sanction extrajudiciaire. A la différence, en effet, des décisions arbitrales du droit privé dont l'exécution peut se poursuivre par la voie judiciaire (C. pr. art. 1020, 1021), les décisions arbitrales du droit des gens se trouvent précisément n'avoir d'autres sanctions, que celles qui garantissent au regard des Etats l'exécution des règles du droit des gens.

(2) Holtzendorff, *Wesen und Werth der œffentlichen Meinung*, 1880 ; Rolin-Jaequemyns (R. D. I., 1869, p. 225 et s.) ; Westlake (R. D. I., XXI, p. 24).

(3) On connait le mot de Schiller : « L'histoire du monde est le tribunal du monde ». On connait moins celui de Ranke répondant, en 1870, à cette question de Thiers : « A qui donc faites-vous la guerre, puisque

III. — Caractère positif des règles du droit des gens pratique.

23. — Il est vrai, qu'on a retourné contre le droit international les particularités qu'il présente dans ses sources et dans sa sanction. Il y a une école qui, partant de l'idée qu'un précepte impératif n'a le caractère d'un précepte de droit positif qu'à la double condition d'émaner d'une autorité législative supérieure aux individus qu'il régit, et d'avoir sa sanction dans l'intervention de tribunaux permanents et d'une force publique assurant l'exécution de leurs décisions, a soutenu que, même dans son élément pratique, le droit des gens ne constituait pas un véritable droit ; que ses préceptes n'avaient pas le caractère de préceptes juridiques, la valeur de règles positives ; que ce dont il pouvait être question, c'était, non pas d'un droit international au sens juridique du mot, mais seulement d'une « morale internationale » (1).

Ce raisonnement n'est pas exact. La méthode dont il s'inspire est défectueuse. On prend, comme conditions de ce que j'appellerai la « positivité » d'une règle impérative, les caractères que présentent les préceptes du droit interne dans la phase dernière de son évolution. Puis on procède par compa-

l'Empire n'est plus ? » — « A Louis XIV ». Heffter-Geffcken, § 2, note 5, et § 5. Cf. Funck-Brentano et Sorel, *Précis du droit des gens*, p. 7 et 8.

(1) L'expression est de John Austin. Aux auteurs qui, au XVIIe et au XVIIIe siècles, ont contesté le caractère positif de l'élément pratique du droit des gens et que j'indiquerai par la suite, il convient d'ajouter, parmi les modernes : Lasson, *Princip und Zukunft des Vœlkerrechts* (1871, compte rendu dans R. D. I., 1872, p. 167) ; Zorn, *Staatsrecht des D. Reichs* (1883), II, p. 419 et s., et *Kritische Vierteljahresschrift*, 1885, p. 378 et s. ; Lorimer, *Institutes of International Law*, 1884, II, p. 189 ; Wheaton, *Éléments de droit international*, Part. I, ch. I, § 10, 5e éd., I, p. 22, 23 ; Acollas, *Manuel de droit civil*, t. I, Intr., p. VII. La note dominante dans l'école moderne, c'est qu'il faut attribuer un caractère de droit positif à l'élément pratique du droit des gens : Holtzendorff, *op. cit.*, I, §§ 6, 7 ; Heffter-Geffcken, *op. cit.*, § 2 ; F. de Martens, *op. cit.*, I, §§ 1, 2 ; Bulmerincq, *op. cit.*, § 12 et *Praxis, Théorie und Kodifikation des Vœlkerrechts*, p. 158-164 ; Gareis, *op. cit.*, § 2 ; Rivier, *op. cit.*, p. 6-8 ; Chauveau, *op. cit.*, n°s 4-12 ; Renault, *op. cit.*, n°s 6 et s. ; Westlake, R. D. I, XXI, p. 19 et s.

raison. On en rapproche les prescriptions du droit international, sans tenir compte de ce fait, que la communauté internationale est une société dont le fonctionnement diffère de celui des sociétés particulières, et que la manière dont se réalise la « positivité » d'une règle impérative varie suivant les époques et le milieu qu'elle est appelée à régir. Cela est si vrai, que les législations internes elles-mêmes n'ont pas, à toutes les phases de leur développement, présenté les caractères dont on veut faire des objections contre la valeur positive des règles internationales.

24. — C'est ainsi qu'on reproche à ces règles de ne pas se présenter sous la forme de lois édictées par une autorité supérieure ; on leur refuse toute valeur positive, parce qu'elles émanent directement de la volonté de ceux-là mêmes auxquels elles s'appliquent. Mais on oublie, que l'intervention d'un organe législatif, comme mode générateur du droit interne, c'est là, dans l'histoire des sources du droit, un phénomène relativement récent. Ce n'est pas de cette façon que les législations internes ont commencé. Au début, la source d'où elles sont sorties, a été précisément le consentement spontané, immédiat des individus qui composaient le groupe social, consentement manifesté par des usages, des coutumes. C'est sous la forme de règles coutumières, que se sont tout d'abord présentés non seulement les préceptes du droit privé, mais aussi les préceptes du droit public. Et lorsque la « déclaration » du droit a cessé d'être, par suite du développement des organismes politiques, l'œuvre directe du peuple pour devenir une fonction spéciale, confiée à un organe distinct, la coutume n'en a pas moins continué d'être, à côté de la loi ou de l'ordonnance, une des sources importantes du droit positif interne.

Il est vrai que, dans l'état actuel des législations internes, il y a une tendance à réduire de plus en plus le rôle de la coutume et à augmenter d'autant celui de l'organe législatif, à donner aux règles du droit positif la forme de lois et non plus celle de règles coutumières. Il est également vrai que, cette évolution supposant l'existence d'un organisme politique, et la formation d'un organisme politique étant incompatible, je l'ai dit, avec les conditions du fonctionnement de la société internationale, il n'est pas à prévoir qu'une évolution analogue se produise dans les sources du droit qui la régit. S'ensuit-il, qu'à ce point de vue le droit international soit, comme on l'a prétendu, dans une situation d'infériorité à l'égard des législations internes positives ? Nullement. Il y a non pas infériorité, mais seulement différence. Le droit international régissant une société qui ne présente pas les mêmes caractères que les sociétés particulières, il est naturel que la différence des milieux se fasse sentir dans les sources d'où le droit dérive.

25. — Reste contre la valeur juridique des règles pratiques du droit des gens l'objection que, dans leur application aux États (1), ces règles n'ont, en l'absence d'un tribunal dans la société internationale, d'autre sanction que le recours à la force, c'est-à-dire un procédé qui est, dit-on, la négation même du droit. L'objection n'est pas plus décisive que la précédente. Elle part de l'idée, qu'il y a incompatibilité entre la notion de règle juridique et l'emploi de la force individuelle comme sanction ; qu'il y a contradiction à dire d'une règle qu'elle est un précepte positif, quand la partie au préjudice de qui elle est violée n'a d'autre ressource que de se faire justice à soi-même. Or l'histoire est là qui nous montre le contraire.

Il est aujourd'hui historiquement établi que la vengeance privée, c'est-à-dire l'emploi de la force individuelle, a été la sanction par laquelle ont débuté toutes les législations internes. Il y a eu, dans la formation des institutions, une époque où la réalisation du droit ne s'opérait qu'au moyen de ce que les Allemands appellent la *Selbsthülfe*, c'est-à-dire de l'acti-

(1) On formule assez ordinairement l'objection en des termes plus généraux. Les règles qui composent l'élément pratique du droit des gens, dit-on, manquent de sanction judiciaire. Sous cette forme, l'objection cesse d'être exacte : nous venons de voir, en effet, que les règles du droit des gens pratique sont susceptibles d'une sanction judiciaire, dans les cas d'ailleurs exceptionnels où la question de leur application se pose à l'égard des particuliers (*suprà*, n° 21).

vité et de l'initiative individuelle, où l'individu, au détriment de qui la coutume était violée, n'avait d'autre ressource pour obtenir réparation que de se faire justice à lui-même (1). L'histoire nous montre également, que le développement des organismes judiciaires et l'établissement de formes de procédure n'ont pas eu comme conséquence immédiate de faire disparaître la force individuelle comme élément de la sanction du droit. Elle devait garder, pendant longtemps encore, sa place dans la procédure, soit comme mode de preuve, encadré dans la procédure normale, le duel judiciaire, soit comme procédure spéciale, distincte, fonctionnant à côté de la procédure ordinaire.

C'est là, notamment, le double rôle que la force privée a continué de jouer dans la procédure franque (2), qu'elle devait garder dans la procédure féodale. Si l'on songe que, dans la société féodale, la partie qui se plaignait d'une violation du droit, avait le choix entre la guerre privée et le recours aux tribunaux (3), si l'on songe d'autre part que, dans la voie judiciaire, le duel était le procédé de preuve employé pour déterminer de quel côté était le droit, que c'était dans son emploi que consistait la procédure d'appel, on arrive à cette conclusion qu'en réalité, c'était par la supériorité de la force individuelle que se tranchaient les conflits entre particuliers, et que la force individuelle se trouvait être en fin de compte, tantôt d'une manière directe, tantôt d'une manière indirecte, la véritable sanction des règles du droit privé. Dira-t-on de la législation franque que, dans la mesure où elle reconnaissait aux particuliers le droit de se faire justice à eux-mêmes, elle n'avait pas un caractère juridique ? De ce que le droit féodal avait sa source dans la coutume, de ce que la force individuelle était la sanction dernière à laquelle se ramenait la sanc-

(1) Declareuil, *La justice dans les coutumes primitives* (*Nouvelle revue historique*, 1889, p. 163-171, 176, 186 et s.).

(2) Brunner, *Deutsche Rechtsgeschichte*, II, p. 402, 527-535.

(3) Esmein, *Cours élémentaire d'histoire du droit français*, p. 241-257. Cf. Viollet, *Le droit au XIIIe siècle*, p. 103-105 ; Tardif, *La procédure civile et criminelle aux XIIIe et XIVe siècles*, p. 91 et s.

tion de ses règles, va-t-on conclure qu'il n'avait pas un caractère positif, qu'on ne doit pas parler de « droit féodal », mais seulement d'une « morale féodale » ?

26. — La vérité, c'est que, ce n'est pas d'après la nature des sources d'où un précepte dérive, non plus que d'après la nature de la sanction qui en garantit l'exécution, qu'il faut juger de sa valeur positive. Ce qui caractérise le précepte juridique, ce qui le distingue du précepte moral, c'est qu'il est susceptible d'une sanction externe. Ce qui maintenant lui donne la valeur d'un précepte positif, c'est, d'une part, le fait qu'il a été « déclaré » règle de droit et qu'il est reconnu comme obligatoire par ceux qu'il régit, c'est, d'autre part, le fait qu'il est effectivement muni d'une sanction. Quant à la manière dont s'opère la « déclaration » du droit, dont se réalise l'organisation de sa sanction, c'est une question d'époque et de milieu (1). La « déclaration » du droit peut être l'œuvre directe de ceux auxquels il s'applique ; la règle positive se présente alors sous la forme de coutumes. Elle peut être l'œuvre d'un organe spécial, dont la fonction consistera précisément à « déclarer » le droit, l'organe législatif ; la règle positive se présente alors sous la forme de lois. L'histoire nous a montré que le droit interne est passé, au double point de vue de sa source et de sa sanction, par des régimes différents, sans avoir jamais cessé pour cela d'être un droit positif.

Ces deux conditions, « déclaration » d'une part, sanction de l'autre, qui sont le double critérium auquel se reconnaît la règle positive, se rencontrent-elles dans les préceptes du droit des gens pratique ? La réponse n'est pas douteuse.

Tout d'abord, nous constatons que les règles qui composent l'élément pratique du droit des gens ont été « déclarées ». Cette « déclaration », elle se fait de la seule manière qui convienne à la nature spéciale de la communauté internationale : elle émane de la volonté immédiate des États. Les États qui ont, par une manifestation directe de leur volonté, « déclaré »

(1) Westlake (R. D. I., XXI, p. 24, 25) ; Rolin-Jæquemyns (R. D. I., 1869, I, p. 232, 233).

les règles dont ils entendent faire le droit qui les régit, ont la conscience qu'elles sont obligatoires, et les « reconnaissent » pour telles (1).

Nous constatons en second lieu qu'elles ont une sanction. Cette sanction, qui est celle par laquelle les législations internes ont débuté, consiste dans l'emploi, de la part de l'État au détriment de qui le droit a été violé, de moyens directs de contrainte pour obtenir par la force la réparation à laquelle il a droit. Les législations internes, il est vrai, n'en sont pas restées à la sanction par laquelle elles avaient commencé. Le développement des organismes politiques dans les groupes sociaux a permis de réaliser sur des bases plus satisfaisantes la garantie du droit interne. Après avoir consisté, d'abord, dans l'initiative individuelle et dans la force privée, puis, dans l'intervention volontairement acceptée d'arbitres décidant de quel côté était le droit, mais laissant à la partie gagnante le soin d'assurer au besoin par elle-même l'exécution de leur décision (2), la sanction du droit interne a fini par comprendre, dans nos sociétés modernes, d'une part, l'intervention de tribunaux permanents faisant l'application du droit aux conflits entre particuliers, et, d'autre part, l'action d'une force publique assurant l'exécution de leurs décisions.

(1) Cette « reconnaissance » de la force obligatoire du droit des gens positif résulte : 1° de déclarations dont la plupart sont d'autant plus significatives qu'elles sont l'œuvre de congrès. Déclaration d'Aix-la-Chapelle du 15 novembre 1818 (N. R. G., IV, p. 560) ; traité de Paris du 30 mars 1856, art. 7 ; protocole de la conférence de Londres du 17 janvier 1871 ; traité de Berlin de 1878, art. 40 ; acte de Berlin du 25 février 1885, art. 25, 33 ; note du gouvernement allemand du 28 avril 1887, dans l'affaire Schnæbelé (Clunet, *L'incident franco-allemand de Pagny*, p. 21, note 3). 2° De cette clause des conventions d'arbitrage qui présente le droit des gens comme la loi qui s'impose aux arbitres : convention anglo-américaine du 8 mai 1871, art. 6 ; convention franco-américaine du 15 janvier 1880, art. 4 ; convention franco-chilienne du 2 novembre 1882, art. 6. 3° Enfin du souci des États à mettre leur législation interne en harmonie avec les obligations qu'impose le droit des gens. Cf. Martitz, *Internationale Rechtshülfe in Strafsachen*, 1888, p. 60-61 ; et, pour la législation anglaise, Holland, *International Law and Acts of Parliament* (*Law quarterly Review*, avril 1893, p. 143-152).

(2) Declareuil, *op. cit.*, p. 204 et s.

Qu'une évolution aussi complète ne puisse pas se produire dans la société internationale, j'en ai indiqué la raison (1). Est-ce à dire que la sanction du droit des gens soit vouée à rester indéfiniment ce qu'elle est, qu'elle consistera toujours à laisser, tout ensemble, à l'appréciation individuelle de chaque État le soin de décider si le droit a été violé à son détriment, à sa force individuelle le soin d'en poursuivre la réparation. telle n'est pas ma pensée. Entre l'emploi pur et simple de l'activité individuelle et de la force privée, et le recours à des tribunaux permanents avec action d'une force publique, il y a une phase intermédiaire par laquelle la sanction des législations internes est passée. Elle a consisté, sinon à procurer l'exécution du droit par une force publique, du moins à confier à des arbitres le soin de décider si le droit avait été violé, de quelle manière et par qui sa violation devait être réparée.

Le droit international est susceptible de cette évolution. Le procédé de l'arbitrage peut être transporté aux conflits entre États. Il réalise un progrès dans la garantie du droit, tout en tenant compte de la nature spéciale de la communauté internationale, tout en respectant l'indépendance et l'autonomie des États. C'est dans ce sens, on le verra, qu'il faut chercher l'amélioration de la sanction du droit des gens.

27. — En réalité même, de ces deux conditions, « déclaration », sanction, il n'y en a qu'une, la première, qui soit de l'essence de la règle positive. Quant à la réalisation de la sanction, elle n'est pas de son essence, mais seulement de sa nature. Il y a parfois dans le droit privé des règles qui ont été formulées, « déclarées », sans que cependant le législateur les ait munies de ce qui est, dans l'état actuel du droit interne, son unique sanction, à savoir l'action en justice. On dit alors de ces règles, qui manquent de sanction parce que l'observation n'en peut être poursuivie en justice, que, si elles constituent un droit positif, elles ne constituent du moins qu'un droit imparfait, *lex imperfecta*. Transportant ces idées à l'é-

(1) *Suprà*, n° 11.

lément pratique du droit des gens, il y a des auteurs qui, du fait qu'il n'est pas sanctionné par l'intervention de tribunaux permanents, ont conclu que, si son caractère positif ne peut être contesté, il faut du moins n'y voir qu'un droit imparfait (1).

Je ne partage pas cette nouvelle manière de voir. Elle procède toujours de ce que je considère comme une méthode défectueuse de raisonnement, la méthode qui consiste à prendre comme terme de comparaison le droit interne, dans certaines de ses branches et avec les caractères qu'il présente dans la phase dernière de son évolution, et à en rapprocher le droit international. Je comprends qu'on compare entre eux des préceptes de législation privée interne, et que, suivant qu'ils sont ou non munis d'une sanction judiciaire, on les classe en droit parfait et en droit imparfait, parce que c'est dans un même genre de société qu'ils se meuvent. Mais ce qui me paraît être une erreur, c'est de transporter ce procédé de comparaison à un droit qui, comme le droit international, se meut dans une société d'un genre absolument différent, et qui est soumise, par les nécessités mêmes de sa nature, à des conditions spéciales de fonctionnement.

Qu'entend-on, d'ailleurs, au juste par droit imparfait ? On entend par là, non pas le droit qui manque d'une sanction judiciaire, mais le droit qui n'a pas de sanction du tout. Si l'on peut dire de certaines règles du droit privé interne qu'elles sont un droit imparfait, c'est parce que, formulées pour une société où le droit n'a plus d'autre sanction que la sanction judiciaire, elles se trouvent dénuées de toute sanction, du moment que leur observation ne peut pas être poursuivie en justice. Or, à la différence de la *lex imperfecta*, le droit international, lui, a une sanction, celle qui a été pendant longtemps la sanction du droit interne : le droit pour l'État, à l'égard de qui ses préceptes sont violés, de se faire justice à lui-même. Sans doute, cette sanction ne réalise pas d'une manière satisfaisante la garantie du droit. Mais sanc-

(1) Chrétien, *Principes de droit international public*, 1893, I, n° 6.

tion imparfaite, et droit imparfait, ce sont là choses distinctes et qu'il ne faut pas confondre. La sanction du droit des gens est, je viens de le montrer, perfectible, sans que toutefois cette amélioration puisse franchir une certaine limite, aller jusqu'à l'organiser sur les mêmes bases que la sanction du droit interne ; la nature de la communauté internationale ne s'y prête pas.

Dès lors, on ne peut pas faire intervenir, pour caractériser le droit international, la notion du droit imparfait. Cette notion doit être limitée au droit qui s'applique à une société, où la réalisation de la sanction du droit peut s'opérer et s'opère par l'intervention de tribunaux permanents. Elle ne doit pas être transportée à un droit qui régit une société, où la garantie du droit ne peut pas être organisée sous cette forme, réalisée par ce procédé. La vérité, c'est que le droit international est un droit qui se ressent du milieu où il fonctionne. Il présente, au point de vue de ses sources et de sa sanction, des caractères à part, différents de ceux que présente le droit interne, parce que la société qu'il régit est une société différente de celle à laquelle le droit interne s'applique.

IV. — Codification du droit des gens (1).

28. — Réunir en un recueil ayant autorité officielle les règles qui gouvernent la société des États, tel est le but d'une codification du droit des gens ; faciliter la connaissance de ces règles, donner notamment aux règles d'origine coutumière la certitude et la précision qui leur manquent en les consignant par écrit, tel en serait l'avantage.

Il est vrai qu'il y a des auteurs qui, reprenant contre la codification du droit des gens les critiques qui avaient été formulées au commencement du siècle par Savigny contre la

(1) Holtzendorff, *op. cit.*, I, §§ 36, 37 ; Bulmerincq, *Praxis, Théorie und Kodifikation des Vœlkerrechts*, 1874 (compte rendu par Rolin-Jaequemyns, R. D. I., 1874, p. 694, 696) ; Mancini, *Vocazione del nostro secolo per la riforma e codificazione del diritto delle gente*, 1873 ; Roszkowski, *De la codification du droit international*, R. D. I., XXI, p. 521-532.

codification du droit privé, prétendent qu'un pareil travail n'est ni opportun ni réalisable (1). Il n'est pas opportun : car, en fixant l'élément coutumier du droit des gens, il l'arrêtera dans son évolution. Il n'est pas réalisable : car, on ne peut penser obtenir des États qu'ils abandonnent les divergences qui les séparent sur l'existence et la portée de certaines règles, pour se réunir en un accord commun.

Ni l'une ni l'autre de ces objections ne me paraît décisive. Sans doute, on ne peut guère songer à obtenir l'entente des États sur l'ensemble du droit des gens ; mais, entre une codification générale et l'absence de toute codification, il y a une solution moyenne : c'est la codification partielle. Il y a un certain nombre de matières sur les règles desquelles les États peuvent facilement se mettre d'accord, et qui, par suite, se prêtent fort bien à un travail de codification (2).

Le droit ainsi codifié va-t-il être fixé d'une manière immuable, soustrait à toute évolution ultérieure ? Nullement. D'une part, je ne vois pas en quoi la substitution de règles écrites à des règles non écrites enlèverait à la coutume sa vertu créatrice. D'autre part, il est un moyen de maintenir la codification en harmonie constante avec les besoins de la pratique : c'est de faire ce que font les États pour ces unions par lesquelles ils ont réalisé l'unification dans certaines matières administratives, c'est de la soumettre à des révisions périodiques.

En d'autres termes, je considère la codification du droit des gens comme possible, mais à la double condition : 1° de ne porter que sur l'élément pratique du droit international. Une codification doit, non pas *créer* le droit, mais simplement le *constater* ; 2° d'être limitée aux matières sur lesquelles il n'existe pas de divergences radicales entre les États. Une co-

(1) Holtzendorff, *loc. cit.* ; Bulmerincq, *op. cit.*, p. 171 et s. ; Bergbohm, *Staatsverträege*, p. 71 et s. ; Gareis, *op. cit.*, p. 32.

(2) Comme la condition des agents diplomatiques, certaines parties du service consulaire (Bulmerincq, lui-même, dans le *Handbuch* de Holtzendorff, III, § 222, demande l'élaboration d'un règlement consulaire international sur les fonctions et les droits des consuls), la partie générale des traités, le droit de la guerre continentale.

dification ne doit pas être générale, mais partielle (1). Elle a son procédé d'exécution qui est le traité général, avec clause d'accession, à nombre indéfini de contractants.

29. — Il ne faut pas confondre, avec la codification à valeur internationale, se réalisant par traité, ce que j'appellerai la codification par voie doctrinale, et la codification par voie de législation interne.

a) *Codification par voie doctrinale.* — Déjà à la fin du siècle dernier, Bentham avait esquissé un projet de codification du droit international (2). L'idée a été reprise par un certain nombre d'auteurs contemporains (3). Touchés des avantages que présenterait une codification du droit des gens, ils ont essayé de la réaliser de leur autorité privée. Au lieu de donner à leurs ouvrages la forme ordinaire de traités, ils ont exposé le droit des gens en la forme de Codes, distribués en articles. On retrouve enfin la même préoccupation dans les statuts de deux associations scientifiques dont l'une, l'*Institut de droit international*, nous est déjà connue (4), dont l'autre, qui lui ressemble par son fonctionnement, a été fondée en 1873, l'*Association pour la réforme et la codification du droit des gens* (5). Il en est sorti, portant, les uns, sur l'ensemble du droit des gens, les autres, sur certaines de ses parties, des

(1) C'est en ces termes que l'Institut de droit international parait avoir compris le problème (*suprà*, n° 10). C'est là le caractère que présente l'unique essai de codification par voie de traité qui ait été tenté jusqu'à ce jour, celui de 1874 sur le droit de la guerre continentale. Cf. Rolin-Jaequemyns, R. D. I., 1874, p. 695, 696; Heffter-Geffcken, *op. cit.*, § 8, note 2; Rivier, *op. cit.*, p. 15; F. de Martens, *op. cit.*, p. 255-263.

(2) Ed. Bowring, VIII, p. 538 et s. Sur ce projet de Bentham, Nys (*Law quarterly Review*, 1885). Cf. Holtzendorff-Rivier, *op. cit.*, p. 475-476, édit. fr., p. 435, 436.

(3) Je renvoie les indications à la partie bibliographique.

(4) *Suprà*, n° 10. L'Institut a notamment élaboré sur la guerre continentale (*Annuaire*, V, p. 157 et s.), et sur les prises maritimes (*Annuaire*, IX, p. 218 et s.), deux projets de règlements, sur lesquels nous aurons occasion de revenir.

(5) Renault, *op. cit.*, p. 52, 53. Les procès-verbaux de ses travaux paraissent chaque année, à Londres, par les soins du comité directeur. On trouve également des renseignements soit dans la *Revue de droit international*, soit dans le *Journal du droit international privé*.

projets de Codes internationaux qui tous, d'ailleurs, présentent un double trait commun : 1° Ce sont des essais privés, sans caractère officiel ; c'est à titre d'œuvres doctrinales qu'il les faut consulter. 2° Ce sont tout à la fois des essais de codification et de réforme, dont les éléments sont empruntés, tantôt, à la partie pratique, tantôt, à la partie théorique du droit des gens. Il faut donc apporter une certaine critique dans l'usage qu'on en fait.

b) *Codification par voie de législation interne.* — Le gouvernement des États-Unis a montré ce qu'on pouvait faire en ce sens, quand, en 1863, en pleine guerre de sécession, il consacrait officiellement un projet de codification des règles de la guerre continentale, élaboré par le professeur Lieber, et l'adoptait comme *Instructions pour les armées en campagne des États-Unis d'Amérique* (1). La codification par voie de législation interne diffère de la codification par voie doctrinale, en ce qu'elle a une autorité officielle, limitée, il est vrai, au territoire de l'État de qui elle émane. Il va de soi que, par sa valeur pratique, elle peut être d'un concours précieux pour l'œuvre de la codification par voie de traités : elle en prépare les matériaux.

V. — De la Comitas gentium.

30. — Il ne faut pas confondre les préceptes du droit des gens, qui constituent un droit positif juridiquement obligatoire pour les États, avec certaines règles de convenance, certaines formes de politesse et de bons procédés dont les États ont l'habitude d'user dans leurs relations entre eux. Elles répondent à ce qu'on est convenu d'appeler la « courtoisie internationale » ou *comitas gentium* (2). Les règles de l'étiquette à l'égard des souverains étrangers en font notamment partie. Il est dans les habitudes, qu'un État envoie saluer les souverains étrangers qui passent à proximité de

(1) Reproduites à la suite du *Droit international codifié* de Bluntschli.
(2) Holtzendorff, *op. cit.*, I, § 19 ; Rivier, *op. cit.*, p. 8; Gareis, *op. cit.*, p. 31 ; Heffter-Geffcken, *op. cit.*, § 3.

son territoire ; négliger de le faire, ce sera, non pas violer le droit des gens, mais simplement manquer à la *comitas*. Les conséquences, on va le voir, ne sont pas les mêmes.

Si les règles de la courtoisie ont ceci de commun avec les préceptes du droit des gens que la réciprocité donne la mesure de leur application, elles en diffèrent par contre, non pas, comme on le dit souvent, qu'elles n'aient pas de sanction, mais parce que la sanction n'est pas la même. Le manquement aux préceptes du droit des gens constitue une violation du droit (*injuria*), qui donne à l'état qui en est victime le droit de demander des réparations et de les poursuivre, au besoin, par l'emploi des moyens directs de contrainte. Le manquement aux règles de courtoisie ne constitue pas, par lui-même, un acte contraire au droit (*injuria*) ; il ne peut donner lieu ni à une demande de réparation, ni à l'emploi des moyens de contrainte. Tout ce que peut faire l'État qui se plaint que la courtoisie n'ait pas été observée à son égard, c'est de retourner, à l'occasion, contre l'État qui en est l'auteur, le mauvais procédé dont il s'est servi. Les règles de la *comitas* n'ont, en d'autres termes, d'autre sanction que la sanction extra-juridique de la rétorsion (1).

La *comitas gentium* a sa raison d'être dans le sentiment qu'ont les États, que les bons procédés, les formes de politesse, ne peuvent qu'entretenir leur bonne amitié et favoriser le développement de leurs relations. Ses règles sont essentiellement coutumières : elles ont pour base les précédents. On a prétendu ranger la *comitas* parmi les sources du droit des gens. Cela n'est pas exact. Il est possible, sans doute, que des règles qui n'ont eu d'abord que le caractère de simples règles de courtoisie acquièrent, à un moment donné, la valeur de règles juridiquement obligatoires, se transforment en préceptes du droit des gens. C'est alors un caractère différent

(1) Rivier, *op. cit.*, p. 355, note 2 ; Heffter-Geffcken, § 110, note 2. Encore, n'y aurait-il pas lieu d'y recourir, si l'inobservation provenait d'un simple oubli, d'un simple malentendu. C'est pour établir ce point de fait que des explications pourront être échangées par la voie diplomatique.

qu'elles prennent, et qu'elles tirent d'une manifestation en un sens nouveau de la volonté des États (1).

VI. — Rapports du droit des gens avec les autres branches du droit et avec la politique (2).

31. — Le droit des gens, ayant l'État pour sujet, fait partie du droit public. Il diffère du droit constitutionnel et du droit administratif en ce que, tandis que ces deux autres branches du droit public se rapportent à l'État, considéré dans son organisation ou dans ses rapports avec les particuliers, le droit des gens se rapporte à l'État considéré dans ses relations avec les autres États. Aussi bien, a-t-on pu qualifier le droit des gens de *droit public externe* (3), par opposition aux autres branches du droit public dont on a fait le *droit public interne.*

Je dois dire, toutefois, qu'il existe entre le droit international et le droit constitutionnel (4), d'une manière plus générale, entre le droit international et le droit interne, de nombreux points de contact que j'aurai, à différentes reprises, l'occasion de signaler : soit que le droit interne détermine quelles sont les personnes qui ont qualité pour parler au nom de l'État et quelles sont les limites de leurs pouvoirs, soit qu'il doive tenir compte des conséquences qu'entraîne pour les particuliers certains actes ou phénomènes internationaux (5), soit enfin qu'il intervienne pour donner une sanction aux prescriptions du droit international en tant que les

(1) Heffter-Geffcken, *op. cit.*, § 3, note 2.

(2) Holtzendorff, *op. cit.*, 1, §§ 14-19 ; Kamarowsky, *Quelques réflexions sur les relations entre le droit international et les différentes branches de la jurisprudence* (R.D.I., VII, p. 5-21) ; Martens, *op. cit.*, I, p. 243 et s.

(3) *Suprà*, p. 12, note 2.

(4) Pour les notions de droit constitutionnel comparé, les ouvrages à consulter sont : Dareste, *Les constitutions modernes*, 2 vol., 1883 ; Demombynes, *Constitutions européennes*, 2 vol., 1881. On trouvera, tout à la fois, des renseignements de droit constitutionnel comparé et de droit administratif comparé dans le *Handbuch des œffentlichen Rechts* qui se publie en Allemagne, depuis 1883, sous la direction de Marquardsen.

(5) Comme les traités et les démembrements de territoire.

obligations que ce dernier impose aux États ont leur répercussion à la charge des particuliers (1).

32. — D'autre part, il ne faut pas confondre le droit des gens avec la politique. Dans une première acception, la politique n'est autre que la conduite suivie par les États pour la réalisation de leurs intérêts. S'agit-il de leurs intérêts en tant qu'ils sont en contact avec les intérêts des autres États, la politique est dite politique extérieure ou étrangère. Dans une autre acception, on entend par la politique la science du gouvernement appliquée à la conduite des États (2). S'agit-il de la conduite de leurs affaires extérieures, la politique a alors comme synonyme la diplomatie, laquelle, à son tour, désigne tout à la fois la science et l'art de diriger la politique extérieure d'un État, l'ensemble des personnes qui, pour un État donné, concourent à cette tâche, et enfin la carrière à laquelle ces personnes se consacrent.

Il résulte de leurs définitions que le droit des gens et la politique n'ont pas le même objet. Le premier tend à réaliser l'ordre et la justice parmi les membres de la communauté internationale ; la politique, elle, se plaçant au point de vue des intérêts de l'État, recherche les moyens les plus propres à leur donner satisfaction. Le droit des gens s'impose à la politique, en ce que, dans les procédés qu'elle emploie pour faire prévaloir les intérêts de l'État, la politique doit s'attacher à respecter les préceptes du droit des gens. Autrement, elle agit contre le but qu'elle se propose : car elle se trouve, en vertu de la loi de réaction qui est, on l'a vu, une des sanctions du droit international, avoir compromis, pour quelques avantages immédiats, les intérêts futurs de l'État (3).

(1) C'est en effet une règle, dont j'aurai à relever de nombreuses applications, qu'un État doit introduire dans sa législation interne toutes les réformes législatives qui sont nécessaires pour la mettre en harmonie avec ses devoirs internationaux. Cf. *suprà*, n° 21 et p. 42, note 1, 3°.

(2) Bluntschli, *La politique*, traduit de l'allemand par de Riedmatten (1879) ; Holtzendorff, *Principes de la politique*, traduit de l'allemand par Lehr (1887) ; Funck-Brentano, *La Politique*, 1893.

(3) *Suprà*, n° 22. Holtzendorff, *op. cit.*, § 18 ; Heffter-Geffcken, *op. cit.*, § 4 ; Martens, *op. cit.*, I, p. 245 ; Bulmerincq, *La politique et le droit dans la vie des États* (R. D. I., IX, p. 361 et s.) et, *op. cit.*, § 3.

Ces différences indiquées, on peut relever cependant entre la politique et le droit des gens le triple rapport que voici : 1° la politique exerce une influence sur le développement du droit international. D'une part, elle agit sur l'élément coutumier, cet élément ayant en somme son origine dans la conduite des États ; d'autre part, c'est elle qui, les réformes possibles une fois déterminées, contribue à leur réalisation, en ouvrant les négociations qui permettront de les faire passer dans la pratique au moyen de traités. 2° Elle intervient comme régulateur dans l'application des sanctions du droit des gens, en ce qu'elle montre à l'État, au préjudice de qui une violation du droit a été commise, quelle est, parmi les réparations auxquelles il peut prétendre, celle qu'il convient de demander, quel est, parmi les moyens de contrainte que le droit des gens met à sa disposition, celui qu'il convient d'employer. 3° Elle peut enfin apporter son concours à l'observation des règles du droit des gens : les alliances qu'elle noue, les sympathies qu'elle entretient, peuvent être, pour un État, tantôt un moyen préventif d'empêcher la violation du droit international à son préjudice, tantôt un moyen de fortifier les sanctions qui en garantissent l'exécution.

On appelle *histoire diplomatique*, dans un sens large, l'histoire de la politique extérieure des États ; dans un sens restreint, l'histoire des traités qu'ils ont conclus. Etant donné le triple rapport que je viens de relever entre la politique et le droit des gens, on comprend comment l'étude de l'histoire diplomatique peut fournir une contribution utile à l'histoire du droit international (1).

(1) Voici, en les réduisant aux notions indispensables, quelques indications bibliographiques sur l'histoire diplomatique : Flassan, *Histoire de diplomatie française jusqu'à la fin du règne de Louis XVI*, 2e éd., 1811, 7 volumes : *Recueil des instructions données aux ambassadeurs et ministres de France depuis les traités de Westphalie jusqu'à la révolution française*, 8 vol. parus ; Albert Sorel, *L'Europe et la révolution française*, 4 vol. parus ; Debidour, *Histoire diplomatique de l'Europe depuis l'ouverture du Congrès de Vienne jusqu'à la clôture du Congrès de Berlin* (1814-1878) ; Bourgeois, *Manuel historique de politique étrangère*, un vol. paru, 1893. On trouvera d'intéressants articles dans la *Revue d'histoire diplomatique*, fondée en 1887, et dans les *Annales de l'école libre des sciences politiques*, revue fondée en 1889.

III

I. — Histoire du droit des gens (1).

33. — Il faut, lorsqu'on étudie le droit des gens dans son développement historique, se garder de certaines confusions, ne pas conclure de l'existence de phénomènes et de règles à caractère international à l'existence de la notion du droit international.

Il y a comme un minimum de phénomènes et de règles à caractère international qu'on retrouve, si haut qu'on remonte dans l'histoire. Par cela seul que des groupes sociaux indépendants se sont trouvés en présence, ils ont été amenés à se faire la guerre, à conclure des traités, traités de paix d'abord, traités d'alliance et d'amitié ensuite; comme aussi ils ont dû envoyer et recevoir des ambassadeurs, non pas bien entendu l'ambassadeur sédentaire à mission générale dont le type appartient à une phase moderne de la pratique internationale, mais l'ambassadeur à mission spéciale et temporaire. Ce minimum de phénomènes internationaux a engendré un minimum d'usages à objet international. Du moment que les peuples contractaient des traités, c'est qu'apparemment ils les tenaient pour obligatoires ; du moment qu'ils envoyaient

(1) Wheaton, *Histoire du progrès du droit des gens en Europe et en Amérique depuis la paix de Westphalie jusqu'à nos jours, avec une introduction sur le progrès du droit des gens en Europe avant la paix de Westphalie*, 3e édit., 1853. Laurent, *Études sur l'histoire de l'humanité*, ouvrage qu'il avait d'abord intitulé *Histoire du droit des gens et des relations internationales*, 18 vol., 1850-1870. Ch. Vergé, *Le droit des gens avant et depuis* 1789, en tête de son édition du *Précis* de G. F. de Martens. Holtzendorff, *op. cit.*, I, §§ 40-84, avec de nombreuses références bibliographiques. Pierantoni, *Storia del diritto internazionale*, 1877. Schiattarella, *Organismo e storia del diritto internazionale*, 1879. Hosack, *On the rise and growth of the law of Nations, from the earliest times to the treaty of Utrecht*, 1882. Retortillo y Tornos, *Historia del derecho internacional*, Madrid, 1891. Muller-Jochmus, *Geschichte des Voelkerrechts im Alterthum*, 1848. Leist, *Alt-arisches Jus gentium*, 1889.

et recevaient des ambassadeurs, c'était apparemment pour qu'ils fussent respectés. Et comme les peuples avaient un même avantage à ce que les conventions fussent scrupuleusement exécutées, à ce que les envoyés fussent à l'abri de toute atteinte, il est arrivé qu'ils ont eu sur tous ces points les mêmes façons de penser, qu'ils ont pratiqué les mêmes règles de conduite, que les usages suivis par chacun d'eux se sont trouvés être semblables aux usages suivis par les autres.

Allons-nous en conclure que, de tout temps, on a eu la conscience d'un droit qui devait présider aux relations des groupes politiques indépendants, que, de tout temps, on a eu, dans une mesure plus ou moins large, la notion du droit des gens? Nullement, si, au lieu de ne voir dans des règles que l'ordre des relations auxquelles elles se rapportent, nous les considérons dans leur fondement, dans les conceptions dont elles s'inspirent (1).

Il faut, en effet, pour que la notion du droit des gens existe, pour qu'on puisse dire des règles à objet international qu'elles composent un droit international, qu'elles se rattachent à un certain nombre de conceptions fondamentales, essentielles. Ces conceptions qui sont comme les postulats en dehors desquels il ne peut y avoir de notion du droit des gens, nous les connaissons (2) : c'est d'abord l'idée qu'il existe, fondée sur la solidarité de leurs intérêts, une société des États ; puis, l'idée que cette société suppose entre ses membres et indépendamment de toute relation contractuelle une réciprocité de droits et de devoirs ; c'est, enfin, l'idée que cette société implique un ordre juridique, dont la réalisation est

(1) « Toutes les nations ont un droit des gens ; et les Iroquois mêmes, qui mangent leurs prisonniers, en ont un. Ils envoient et reçoivent des ambassadeurs ; ils connaissent des droits de la guerre et de la paix : le mal est que ce droit des gens n'est pas fondé sur les vrais principes ». (Montesquieu, *Esprit des lois*, I, ch. 3). Ce que je transpose de la façon que voici : les nations ont de tout temps pratiqué des règles à objet international, la différence est que ces règles n'ont pas de tout temps constitué un droit des gens. V., sur la distinction qu'il faut faire entre « règles à objet international » et « droit international », Bulmerincq, *op. cit.*, § 8, Gareis, *op. cit.*, p. 7.

(2) *Suprà*, n° 1.

précisément le but et la raison d'être du droit international. Or ce sont là des conceptions qui ne se sont développées que sous l'influence de certaines tendances de civilisation. Elles sont de formation moderne. Elles n'ont pas été connues de l'antiquité. On ne les trouve pas chez les Grecs (1) ; elles ont été ignorées des Romains.

34. — *Période romaine.* — C'est une question très controversée que la question de savoir, si les Romains ont eu la notion du droit international (2). Je n'hésite pas à répondre négativement, et cela, sans distinction d'époque. Rome a connu et pratiqué dans une large mesure les phénomènes internationaux de la guerre, des traités, des ambassades. Pendant toute la durée de la république, elle a très fidèlement suivi, sur la manière de déclarer la guerre et de la faire, sur la façon de conclure les traités et les effets qu'ils produisent, sur le traitement à observer à l'égard des ambassadeurs, des usages dont l'ensemble formait le *jus feciale* ou *jus belli ac pacis.*

Ce droit fécial qui, primitivement, avait appartenu à cette partie de leur législation que les Romains considéraient

(1) Pas même dans les rapports des cités grecques entre elles. Cf., sur le rôle exact d'institutions dont on a exagéré l'importance au point de vue international, les associations religieuses entre cités ou *amphictyonies,* Michel Revon, *L'arbitrage international dans la civilisation grecque* (*Nouv. revue historique,* 1892, p. 314-329). Quant à la *proxénie* qui, parmi les phénomènes à caractère international qu'on trouve chez les Grecs (Holtzendorff, *op. cit.,* I, §§ 49-56), constitue une institution vraiment originale, elle n'était en somme qu'un palliatif à la conception qui refusait tout droit à l'étranger, parce que, entre groupes organisés indépendants, il n'existait pas de communauté de droit.

(2) La thèse que les Romains ont eu la notion du droit international a été développée par Voigt (*Das jus naturale, æquum et bonum und jus gentium der Rœmer,* II, § 5) et reprise par Chauveau, *Le droit des gens dans les rapports de Rome avec les peuples de l'antiquité* (*Nouv. rev. histor.*, 1891, p. 393-445). L'opinion contraire, soutenue par Wheaton, *op. cit.*, t. I, p. 23, et par Laurent, *op. cit.*, t. III, Liv. I, ch. I, § 1, a été reprise par Fusinato dans une courte mais très suggestive étude, *Le droit international de la République romaine* (R. D. I., 1885, XVII, p. 278-296). Michel Revon, *De l'existence du droit international sous la République romaine* (*Revue générale du droit,* 1891, p. 394 et s., p. 504 et s.), constate les dissidences, mais ne conclut pas.

comme de révélation divine (*fas*), avait conservé de ses origines un double caractère formaliste et religieux. Il avait pour interprète le collège des féciaux, institution qui devait, comme le droit dont elle était l'organe, tomber en désuétude dans les premiers temps de l'Empire. Prêtres et fonctionnaires, dépositaires des formules, au courant des traditions du rituel, les féciaux s'étaient trouvés mêlés, sous la république, par la nécessité où Rome était de se servir de leur concours, à tous les actes de sa vie extérieure. C'étaient eux qui accomplissaient les rites préalables nécessaires pour donner à une guerre le caractère d'une guerre régulière (*justum*), sympathique aux dieux (*pium*) : c'étaient eux qui, pour les traités importants, prononçaient les formules qui les plaçaient sous la protection divine (1).

35. — Et cependant, il ne faut pas se méprendre sur la conclusion qu'on est en droit de tirer de l'existence de ce *jus feciale*. Si les règles dont il se compose sont internationales par l'ordre des relations auxquelles elles se réfèrent, elles cessent de l'être, lorsqu'on les envisage dans leurs origines, lorsqu'on se demande à quelles conceptions elles se rattachent. Elles font partie intégrante de la législation nationale, au même titre que les autres règles dérivées du *fas*. On ne peut y voir la reconnaissance d'un droit supérieur aux États, indépendant et distinct de leurs législations internes, réalisant un ordre juridique dans leurs relations. On ne peut dire d'elles qu'elles constituent un droit international. Si les Ro-

(1) On pourra consulter sur le droit fécial et sur les féciaux, en outre des ouvrages sur le droit public romain et des articles de Chauveau et de Fusinato, Karlowa, *Rœmische Rechtsgeschichte*, I, §§ 44, 45, comb. avec § 59 ; Weiss, *Le droit fécial et les féciaux* (*France judiciaire*, 1882-1883, p. 441, 465) ; Schmidt, *Zum internationalen Rechtsverkehr der Rœmer* (*Savigny-Stiftung*, partie romaine, 1888, p. 122 et s.). Les traités et ce qu'on est convenu d'appeler le droit de la guerre des Romains ont fait l'objet de nombreuses monographies : Egger, *Etudes historiques sur les traités publics chez les Grecs et chez les Romains*, 1866 ; Morizot-Thibaut, *Le droit de la guerre chez les Romains*, 1877 (thèse) ; Buret, *Le droit de la guerre chez les Romains*, 1888 (thèse) ; Geoffroy, *Du droit de la guerre à Rome*, 1888 (thèse) ; Michel Revon, *Le droit de la guerre sous la république romaine*, 1891 (thèse).

mains ont connu des règles à application internationale, ils n'ont pas eu du moins la notion d'un droit international, et j'ajoute que, pas plus que les autres peuples de l'antiquité, ils ne pouvaient l'avoir. C'est qu'en effet, dans la manière de comprendre leur situation à l'égard des autres groupes organisés avec lesquels ils étaient en contact, ils partaient de conceptions qui étaient le contre-pied de celles que j'ai indiquées comme les postulats indispensables à l'existence du droit des gens.

Il est bien fait, parfois, allusion à une société commune du genre humain (1). Ce ne sont là, toutefois, que des opinions individuelles, des aperçus de philosophes. La conception courante, celle qu'on retrouve dans les textes juridiques et dont il faut chercher l'origine dans la filiation qui a existé chez tous les peuples de l'antiquité entre le droit et la religion (2), c'est qu'il ne pouvait y avoir de rapport de droit entre Rome et un autre peuple qu'autant que ce dernier s'était placé, par traité, dans son amitié ou dans son alliance. Quant aux peuples qui ne lui étaient pas rattachés par un lien contractuel, Rome n'y voit que des barbares. Elle se considère comme étant à leur égard, non pas dans un rapport de droit et de paix, mais tout au contraire dans un état permanent d'hostilité et d'absence de droit. De leurs nationaux se trouvent-ils sur son territoire, elle n'est tenue de les respecter ni dans leurs personnes ni dans leurs biens : comme inversement, ceux-ci n'étaient pas tenus de respecter la personne ni les biens des citoyens romains qui pouvaient se trouver sur leur territoire (3).

(1) Cic., *De officiis*, III, 6 : « ... Qui autem civium rationem dicunt habendam, externorum negant, ii dirimunt *communem humani generis societatem* ».

(2) Gareis, *op. cit.*, p. 11 ; Fustel de Coulanges, *La cité antique*, 12e édit., p. 166 et s., p. 218 et s. ; Michel Revon, *L'arbitrage international dans la civilisation grecque* (*Nouvelle revue historique*, 1892, p. 314, 315).

(3) Pomponius, l. 5, § 2, Dig., *De captivis et de postliminio*, 49, 15. Ce texte ne fait en somme que déduire les conséquences de l'idée que Tite-Live plaçait dans la bouche des Etoliens : « *Cum alienigenis, cum barbaris æternum omnibus græcis bellum est eritque* » (Hist., XXXI, 29).

36. — Dans nombre de textes, il est vrai, il est question d'un *jus gentium*, et nous savons que, lorsque s'est développée à partir du XVIe siècle la notion d'un droit régissant les relations des États, c'est de cette expression qu'on s'est servi pour le désigner. J'ai eu soin de dire que l'adaptation était maladroite (1). Que signifiait, en effet, au juste cette expression chez les Romains ? Elle était prise dans deux acceptions distinctes, mais entre lesquelles, en somme, il y avait un rapport beaucoup plus étroit qu'on ne pense.

Dans l'acception de beaucoup la plus ordinaire, le *jus gentium* désignait, pratiquement, celles des règles de son droit privé dont Rome consentait à faire application aux nationaux des États qui s'étaient placés à son égard dans un rapport de droit, en se liant à elle par des traités d'amitié et d'alliance, par opposition à celles des règles de son droit privé dont elle réservait le bénéfice aux seuls citoyens romains et qui formaient le *jus civile*. Théoriquement, il désignait celles des institutions privées que les Romains avaient de commun avec les autres peuples ; et comme, la spéculation aidant, cette analogie dans les institutions ne paraissait s'expliquer que par le fait que ces institutions étaient apparemment les plus conformes à la nature des choses, le *jus gentium* s'était trouvé prendre comme synonyme *jus naturale* (2). Il est bien évident que, dans cette première acception, le *jus gentium* ne ressemblait en rien à ce que nous appelons droit international. Nous entendons par là un ensemble de règles distinctes des législations internes, s'imposant aux États dont elles disciplinent les relations, alors que, chez les Romains, le *jus gentium* ne désignait que des institutions de droit privé, et n'était pour eux qu'un moyen, tantôt, de déterminer la portée d'application d'une règle de droit privé, tantôt, d'exprimer ce que j'appellerais volontiers des phénomènes de législation interne comparée.

Dans une seconde acception, l'expression *jus gentium* s'appliquait à quelques-unes des règles à objet international

(1) *Suprà*, n° 2.
(2) Sumner Maine, *Le droit international*, p. 35, 37.

dont nous avons constaté l'existence chez les Romains. Pour peu qu'on examine les textes (1), on est amené à cette conclusion, c'est que les Romains n'attachaient pas au mot, dans cette application nouvelle, une signification différente de celle qu'ils lui donnaient dans l'autre (2). On remarquera, d'abord, que ce n'est pas à toutes les règles à objet international qui composent le *jus feciale*, mais seulement à certaines d'entre elles que les textes font allusion, quand ils se servent, dans cette acception nouvelle, de l'expression *jus gentium*. Ces règles étaient celles qui subordonnaient la régularité de la guerre à une déclaration préalable, qui reconnaissaient certains droits et qui imposaient certaines obligations aux ambassadeurs. Manquer à l'une de ces règles, c'était manquer au *jus gentium*; les observer, c'était agir conformément au *jus gentium*.

D'où vient donc que les Romains avaient cru pouvoir appliquer à ces règles l'expression de *jus gentium*? Par une raison analogue à celle qui, parmi les institutions privées, leur avait fait distinguer celles qui étaient du *jus gentium* de celles qui étaient du *jus civile*. C'est qu'ils avaient constaté que, sur ces points, les autres peuples avaient les mêmes façons d'agir, qu'ils avaient adopté les mêmes règles de conduite, qu'il se trouvait dans leurs législations nationales des usages identiques. Si bien qu'en définitive, dans son application aux règles à objet international, le *jus gentium* n'avait pas une signification différente de celle qu'il avait, dans son application aux règles du droit privé.

Dans un cas comme dans l'autre, il n'exprimait qu'un fait : c'est que, dans le droit fécial tout comme dans le droit privé, il y avait, à côté d'institutions qui étaient propres au peuple romain, un certain nombre d'institutions et de règles qui ne lui étaient pas spéciales, qu'on rencontrait chez les autres peuples, qui constituaient un fond d'institutions communes,

(1) Tite-Live, I, 14, II, 4, IV, 17, 19, 32, V, 3, 36, IX, 10, XXX, 25, XXXVIII, 45 ; Salluste, *Jugurtha*, 35; Pomponius, l. 17, Dig. *De legationibus*, 50, 7.

(2) Fusinato, *loc. cit.*, p. 286, 287.

et dont on pouvait dire qu'elles formaient, non pas un droit supérieur, obligatoire pour tous les peuples, mais un droit dont presque tous les peuples (*fere omnes*) se servaient également (1).

37. — *Période franque.* — Rome, en soumettant à sa domination ce qu'il y avait de groupes organisés dans le monde ancien, avait fini par supprimer, dans la seconde partie de son histoire, jusqu'à la possibilité matérielle du droit international. Les invasions barbares en brisant l'empire, la fondation des royautés germaniques en consolidant sur des établissements territoriaux les groupes germains et en les faisant ainsi passer de la condition de tribus à celle d'États organisés, la font revivre ; car elles ont pour effet de remettre en présence des individualités politiques indépendantes. L'obstacle de fait disparu, restait l'obstacle juridique, celui qui tient aux conceptions, aux idées.

La royauté franque a connu les mêmes phénomènes internationaux que l'antiquité. Elle a fait la guerre, conclu des traités, pratiqué le type de l'ambassadeur à mission spéciale et temporaire. Elle a connu également le minimum des règles à objet international. On a continué de considérer les traités comme obligatoires, les ambassadeurs comme à l'abri de toute atteinte (2).

(1) J'en trouve la preuve dans un très curieux passage, dont le fond paraît avoir été emprunté par Isidore de Séville à Ulpien et qui a été reproduit par Gratien dans son Décret (*prima Pars, Dist. I, c.* 9, édit. Friedberg, I, p. 3). « *Ius gentium est sedium occupatio, edificatio, munitio, bella, captivitates, servitutes, postliminia, federa pacis, induciæ, legatorum non violandorum religio, conubia inter alienigenas prohibita.* § 1. *Hoc inde ius gentium appellatur, quia eo iure omnes fere gentes utuntur* ». Qu'on rapproche de ce passage où *jus gentium* est pris dans son application aux règles à objet international, le passage des Institutes (I, 2 § 1) où il est pris dans son application aux institutions du droit privé, on verra que la formule est la même. Cf. toutefois sur ce passage, Rivier, *Note sur la littérature du droit des gens avant la publication du Jus Belli ac pacis de Grotius,* 1883, p. 10, note 1.

(2) Grég. Tur., *Hist. Franc.*, VII, 32, passage curieux, car il nous montre que, chez les Germains, ces règles avaient le même caractère formaliste et religieux que chez les premiers Romains. Brunner, *Deutsche Rechtsgeschichte,* II, p. 190, n. 13.

Dans la manière de comprendre la situation dans laquelle des groupes politiques indépendants se trouvent les uns à l'égard des autres, un changement s'est-il produit ? Si les Romains et les Grecs ne s'étaient pas élevés jusqu'à cette conception d'une société des États, il n'y a pas apparence que nous la trouvions dans la période qui va de la chute de l'Empire jusqu'à l'avènement de la féodalité et qui, au point de vue de la civilisation, est en recul marqué sur l'antiquité. De fait, l'idée qu'en l'absence d'un rapport contractuel fondé sur un traité, il n'existe pas entre groupes politiques indépendants de rapport de droit, qui est l'idée dont s'inspiraient les textes romains, est également celle dont s'inspirent les coutumes germaniques, qu'on retrouve au fond de la législation franque.

Elle y produit des conséquences pratiques analogues. Il ne peut être question pour un individu de *lex* qui le protège, qu'autant qu'il appartient à un groupe politique soumis à royauté franque, ou tout au moins qui lui soit rattaché par un rapport de dépendance. Ce n'est qu'au profit des groupes qui se trouvent dans une relation politique avec l'État frank, que le bénéfice de la personnalité des lois existe ; il n'existe pas pour les autres (1). L'individu que les textes appellent *peregrinus*, c'est-à-dire, l'individu qui appartient à un de ces groupes qui ne sont pas reliés à la royauté franque par un rapport de subordination politique, se trouve-t-il sur le territoire du royaume, il n'y a pas de droit dont il puisse se réclamer, pas de *lex* qu'il puisse invoquer. On pourra le tuer, lui prendre ses biens, le réduire en esclavage. Il est hors du droit (2), car il n'existe pas de communauté de droit entre l'État frank et le groupe dont il fait partie.

De telle sorte que c'est, en définitive, à une conclusion analogue à celle à laquelle nous étions arrivés pour l'antiquité, que nous sommes ramenés : on trouve dans la période franque des règles qui, par l'ordre des relations auxquelles

(1) Brunner, *op. cit.*, p. 260 ; Schrœder, *Lehrbuch der D. Rechtsgeschichte*, p. 222.

(2) Brunner, *op. cit.*, p. 273, 274 ; Schrœder, *loc. cit.*

elles se réfèrent, ont un caractère international ; on n'y trouve pas la notion d'un droit international.

38. — *Moyen âge.* — Au premier abord, on pourrait être tenté de croire que, étant donnée la structure politique de la société féodale, le moyen âge ne doit occuper qu'une place secondaire dans le développement historique du droit des gens. Ce serait une erreur. Le moyen âge a donné naissance à des phénomènes internationaux nouveaux, et agrandi le cercle des règles à objet international. Mais ce qui lui vaut une importance particulière, c'est qu'il a vu se former, sur le terrain religieux, il est vrai, la conception qui est le fondement même du droit des gens, la conception d'une société d'États.

39. — I. Nous avons constaté, dans l'antiquité et pendant la période franque, l'existence de ce que j'ai appelé le minimum des phénomènes internationaux ; nous les retrouvons au moyen âge. Royautés indépendantes, chefs d'États féodaux, font la guerre, concluent des traités de paix et d'alliance, envoient et reçoivent des ambassadeurs à mission spéciale et temporaire. A ces phénomènes internationaux d'ancienne date, le moyen âge va en ajouter de nouveaux. Le cercle des règles à caractère international s'agrandit. Deux causes, les croisades, le développement des relations commerciales, ont contribué à cette extension.

40. — 1) *Les croisades.* Il est peu de faits historiques qui aient eu des conséquences aussi variées, aussi profondes que le grand mouvement, tout à la fois politique et religieux, qui, à huit reprises, a précipité l'Europe chrétienne contre l'Orient musulman. Envisagées au point de vue du développement historique du droit international, on peut dire que les croisades ont produit leur action dans quatre directions : 1) elles ont donné à la notion théocratique de la communauté des États chrétiens l'occasion de se traduire en un acte d'ordre international, la guerre contre l'infidèle. 2) Elles ont amélioré la culture générale de l'Europe, en la mettant en contact avec une civilisation différente, et, par certains côtés, supérieure, la civilisation musulmane. 3) En faisant

connaitre à l'Europe les produits de l'Orient, en l'initiant à des habitudes de luxe et à des conditions de vie matérielle qu'elle ne soupçonnait pas, elles ont eu cet effet économique de faire naître des besoins nouveaux et provoqué l'essor d'un vaste mouvement commercial. 4) Elles ont, enfin, sinon créé, du moins développé une institution qui, à son tour, devait agir sur certaines pratiques internationales, la chevalerie.

41. — Je n'ai pas à examiner ici le problème si obscur des origines de cette institution (1). Je ne dois la considérer que sous l'angle restreint de ses rapports avec l'histoire du droit des gens. Or, c'est par l'influence qu'elle a exercée sur les pratiques de la guerre, que la chevalerie a sa place dans l'histoire du droit international. Les arabes pratiquaient un droit de la guerre qui, pris dans son ensemble, était empreint d'une réelle humanité (2) ; la chevalerie s'en inspire. La transformation qui s'était opérée dans l'organisation sociale, et qui avait abouti à la suppressiòn de l'esclavage personnel, avait déjà réalisé une amélioration notable dans les pratiques de la guerre ; la chevalerie la complète.

Elle réintroduit dans la manière de déclarer la guerre un formalisme qui rappelle celui de l'ancien droit fécial romain. Elle humanise la manière dont elle doit se faire. Elle y fait prévaloir des usages d'une générosité parfois excessive : non seulement elle interdit les massacres inutiles, l'insulte à l'ennemi vaincu, le pillage, le parjure, non seulement elle fait au chevalier un devoir de respecter et de protéger les personnes inoffensives, mais encore elle lui défend de recourir aux ruses, aux artifices, aux stratagènes, pour triompher plus facilement de l'adversaire. Et comme la chevalerie était une

(1) Elle me paraît être sortie d'une décentralisation de la mission de protection que les Carolingiens s'étaient attribuée à l'égard de certaines catégories de personnes (Boretius, *Capitularia*, I, p. 98, c. 40 ; p. 158, c. 3), tout comme la seigneurie est sortie d'une déconcentration de leur autorité politique.

(2) Le droit arabe de la guerre a été l'objet, en Orient et en Espagne, à la fin du XIIe siècle et dans le courant du XIIIe, de très curieux travaux de codification. Cf. Holtzendorff, *op. cit.*, p. 299, édit. fr., p. 270.

institution répandue dans toute l'Europe occidentale, il s'est trouvé que le droit de la guerre qu'elle avait formé est devenu d'une application générale. Il devait, il est vrai, suivre le sort de l'institution, déchoir et s'altérer avec elle, dans la seconde moitié du moyen âge. Il forme cependant le fond de deux ouvrages composés au XIVe et au XVe siècle, et qui ont leur place dans la littérature antérieure à Grotius, l'*Arbre des batailles* d'Honoré Bonet et le *Livre des faits d'armes et de chevalerie* de Christine de Pisan (1).

42. — 2) *Le mouvement commercial.* Déjà très accusé au XIe siècle, le mouvement commercial, sous l'influence du mouvement d'échanges que provoquent les croisades, prend, au XIIe siècle, une intensité qui ne fera que grandir par la suite. Il a été comme concentré, dans la première partie du moyen âge, dans deux grands groupes de villes commerçantes, Gênes, Pise, Venise, Amalfi, au Midi; Brême, Hambourg, et à partir du XIIe siècle, Lubeck, dans le Nord (2). Bien postées sur les bords de la Méditerranée, en communication directe avec le Levant, les villes d'Italie avaient été les premières à profiter du mouvement maritime auquel avait donné lieu le ravitaillement de cette masse énorme qui composait l'armée de la première croisade. Elles étaient restées l'intermédiaire entre l'Europe et l'Orient. C'est d'elles que partait le courant commercial qui, à travers la France, remontait vers l'Angleterre, d'un côté, la Flandre, de l'autre. Quant aux villes allemandes de la Baltique, échelonnées sur la ligne commerciale Bruges Nijni-Nowgorod (3), elles étaient toutes désignées pour jouer le rôle d'entrepôts, tant à l'importation qu'à l'exportation, pour les industries naissantes du centre de l'Alle-

(1) L'*Arbre des Batailles* parait avoir été composé entre 1384 et 1387. Il en a été donné une édition par Nys, en 1883. Quant au *Livre des faits d'armes*, il lui est certainement postérieur : il a été composé à une date qui flotte entre 1387 et 1431. Nys, *Honoré Bonet et Christine de Pisan* (R. D. I., XIV, p. 451-472). Cf. Rivier, *Note sur la littérature du droit des gens*, p. 17-29 et dans le *Handbuch*, p. 400, éd. fr., p. 352.

(2) Pigeonneau, *Histoire du commerce de la France*, I, p. 103, 122, 126. L'importance des villes commerciales du midi de la France n'est venue qu'après celle des républiques italiennes. Pigeonneau, *op. cit.*, p. 135, 145.

(3) Schrœder, *op. cit.*, p. 607.

magne. Le vaste bassin maritime qui baignait les côtes occidentales de la France et de l'Espagne, les côtes de la Flandre et de l'Angleterre, était le théâtre de leur activité, tandis que le bassin de la Méditerranée était resté le centre commercial des villes italiennes.

On sait quelle a été l'influence de ce mouvement commercial sur le développement de nos institutions communales (1). Au point de vue de la classification du droit, il devait avoir cet autre effet de dégager de l'ensemble juridique, et de coordonner en deux branches distinctes, le droit commercial et le droit maritime (2). Dès le milieu du moyen âge, on voit s'opérer, pour les usages qui composaient le droit maritime, provoqué par les mêmes causes, présentant les mêmes caractères dans sa réalisation pratique, un travail de rédaction analogue à celui auquel donnaient lieu, à la même époque, les autres parties du droit privé. Entre autres recueils sortis de ce travail de codification (3), j'en citerai deux, curieux au point de vue de l'histoire de certaines idées internationales : 1° *le Rôle d'Oléron*, composé vers la fin du XII° siècle et dont le centre d'application a été le bassin maritime qui servait de théâtre à l'activité des villes commerçantes de la Baltique (4) ; 2° *le Consulat de la mer*, rédigé à Barcelone vers 1370, mais en utilisant des rédactions antérieures du XIII° siècle, et qui devint la base du droit maritime dans tout le bassin de la Méditerranée (5).

43. — Au point de vue de l'histoire du droit des gens, l'influence de ce mouvement commercial n'a pas été moins grande. On remarquera, tout d'abord, qu'il se présente avec un caractère qu'avait perdu le mouvement commercial de

(1) Luchaire, *Les communes françaises*, p. 31-33.

(2) Cf. Thaller, *De la place du commerce dans l'histoire générale*. (Extrait des *Annales de droit commercial*, 1892, p. 45 et suiv.).

(3) On en trouvera l'énumération dans Holtzendorff, *op. cit.*, p. 348, 350, éd. fr., p. 311, 312.

(4) Pardessus, *Lois maritimes*, t. I.

(5) Pardessus, *Lois maritimes*, t. II. Sur ce document, Wagner, *Zur Entstehungsgeschichte des Konsulats der See* (*Zeitsch. f. das gesammte Handelsrecht*, XXIX, p. 413-431).

l'Empire romain. Le commerce maritime romain avait fini par devenir un commerce national, les pays entre lesquels il avait lieu étant soumis à une même autorité politique. Le commerce du moyen âge a repris un caractère international; car il a lieu entre pays soumis à des souverainetés politiques différentes (1). La communauté que les conceptions théocratiques établissaient entre les États chrétiens, commençait à être doublée en quelque sorte, par le fait du développement des relations commerciales, d'une solidarité sur le terrain des intérêts. Retenons déjà ces deux faits. Ils ont leur importance au point de vue de la genèse des idées maîtresses sur lesquelles repose la notion du droit des gens. Ce n'est pas tout. International par les conditions dans lesquelles il s'exerce, le mouvement commercial du moyen âge va provoquer à son tour de nouveaux phénomènes internationaux, et agrandir, dans des directions inconnues des époques antérieures, le domaine des règles à objet international.

a) Il étend le champ d'application des traités. Les traités qui n'avaient guère servi jusque là qu'à régler des questions de paix et d'alliance vont être de plus en plus employés à régler des questions d'ordre commercial. A côté des traités à objet politique se développent les traités à objet économique (2).

b) Les républiques marchandes italiennes devaient être amenées, par l'importance que prenaient leurs opérations, à établir dans le Levant des comptoirs qui constituaient comme les attaches locales de ce réseau commercial, qu'elles avaient étendu sur tout le bassin de la Méditerranée. Elles y ont leurs agents auxquels, par une adaptation toute naturelle des dénominations en usage dans la métropole (3), on

(1) Holtzendorff, *op. cit.*, p. 341, éd. fr., p. 305.

(2) Les premières conventions de ce genre ont été conclues par les républiques italiennes et par les villes des bords de la Baltique. A partir du XIVe siècle, elles passent dans la pratique des États occidentaux. Au XVe siècle, on voit la France conclure des traités de commerce avec l'Aragon, le Danemark, l'Angleterre, l'Espagne. Holtzendorff de Melle, *Handbuch*, III, p. 144; Dareste de la Chavanne, *Histoire de l'administration en France*, II, p. 247; Pigeonneau, *op. cit.*, p. 115, 411, 418.

(3) De Valroger, *Les consuls de la mer au moyen âge* (*Nouvelle Revue historique*, 1891, p. 36 et s., p. 193 et s.).

donne le nom de consuls (1). Chargés de surveiller les intérêts commerciaux de la cité dont ils étaient les représentants, ils ne tardèrent pas à joindre à cette attribution une juridiction sur les navires de passage dans l'escale, et sur ceux de leurs compatriotes qui s'y étaient établis pour faire le commerce. Ce que les villes d'Italie avaient fait dans les centres commerciaux du Levant, les villes de la Baltique le firent, de leur côté, dans les ports de Flandre et d'Angleterre avec lesquels elles étaient en relations suivies d'affaires. Elles y eurent leurs comptoirs, leurs agents (2). Je reviendrai sur les transformations que ces institutions ont subies par la suite. Il me suffit, pour l'instant, d'établir que ce phénomène d'ordre international, l'institution consulaire, c'est dans le mouvement commercial du moyen âge qu'il a pris naissance.

c) Ce mouvement en produit un autre dont les villes commerçantes de la Baltique allaient, cette fois, être le théâtre. Ces villes se trouvaient, en effet, dans des conditions de commerce beaucoup plus difficiles que les républiques marchandes de la Méditerranée. Elles avaient à lutter, non pas seulement contre les entreprises des pirates danois, mais encore contre des prétentions féodales qui constituaient une gêne très grande pour la navigation maritime (3). Elles cherchè-

(1) Consuls « d'outre mer » pour les distinguer de ceux de la métropole. A côté des consuls « envoyés » (*missi*) par la métropole, on trouve dans certains comptoirs des consuls « élus » (*electi*) par les marchands (De Valroger, *op. cit.*, p. 39); c'est-à-dire qu'on voit déjà apparaître les deux types de consuls qui entrent dans la composition du personnel consulaire moderne.

(2) Schrœder, *op. cit.*, p. 606, 607.

(3) Il ne faut pas perdre de vue que les côtes avec lesquelles elles trafiquent, appartiennent à des pays où la féodalité jeta ses plus profondes racines. Les chefs d'Etats féodaux font, pour les routes commerciales maritimes, ce qu'ils ont fait pour les routes commerciales terrestres. Ils les exploitent. D'une extension de la souveraineté de la seigneurie aux eaux qui la bordent, ils font sortir le droit de rivage, prérogative aux manifestations multiples : elle leur confère, tout à la fois, et le droit de s'approprier les navires qui font naufrage et de retenir, jusqu'à paiement de rançon, leurs équipages prisonniers (droit de bris, d'épave, de naufrage), et le droit d'imposer, moyennant finance, leur « sauveté » aux navires qui passaient dans leurs eaux (droit de péage, d'étape). Cf. Holtzendorff, *op. cit.*, p. 344, 345, éd. fr., p. 307, 308 ; Pigeonneau, *op. cit.*, p. 101, 165.

rent le remède dans l'association. Elles trouvaient, dans les comptoirs qu'elles avaient à l'étranger, groupant les commerçants allemands, un régime d'association, la *hanse*. Elles se l'appliquent. D'abord temporaire au XIIIe siècle, cette association des villes de la Baltique se transforme, au XIVe siècle, en une confédération permanente, la *Ligue hanséatique*. Dorénavant, c'est la ligue qui représente les villes libres associées dans les relations avec l'étranger ; c'est elle qui conclut les traités, prend en main la défense de leurs intérêts commerciaux (1). Elle est le premier exemple, — et c'est en cela que j'y vois un important phénomène international, — d'une confédération dont la personnalité absorbe, au point de vue des relations extérieures, celle des individualités politiques qui la composent.

44.— *d*) Si le commerce maritime était l'élément de prospérité de ces petites républiques marchandes du moyen âge, il était aussi le point vulnérable par lequel elles pouvaient être atteintes. Sa destruction était, au cas de guerre, un moyen pour un adversaire de les frapper dans leurs forces vitales. La tactique était d'autant plus naturelle, que la distinction entre la marine marchande et la marine de guerre n'existait pas encore, que la flotte qui servait aux opérations commerciales de la cité en temps de paix se trouvait être en même temps la flotte chargée de la défendre en temps de guerre (2). L'idée qu'un belligérant a le droit de s'attaquer indistinctement à tous les navires qui appartiennent à son adversaire, devait survivre aux circonstances spéciales dans lesquelles elle avait pris naissance. A partir du XVe siècle, sous l'influence de la transformation que l'emploi de l'artillerie opère dans les conditions de la guerre navale, les États européens commencent à se créer une marine de guerre distincte de la marine marchande. Le droit pour un belligérant de s'en prendre aux navires de commerce de son adversaire n'en subsistera pas moins. Il restera un des moyens d'action de la guerre maritime.

(1) Schrœder, *op. cit.*, p. 606-609. Cf. Holtzendorff, *op. cit.*, § 78.
(2) Holtzendorff, *op. cit.*, p. 348, éd. fr., p. 311.

45. — Le procédé de la course, en se généralisant, allait en constituer un autre. Nous avons vu que le droit de se faire justice à soi-même n'avait pas disparu des habitudes féodales, qu'il y était resté comme une procédure extrajudiciaire fonctionnant à côté de la procédure judiciaire. Il y avait conservé un large champ d'application, lorsqu'il s'agissait de procès, non plus entre justiciables d'une même seigneurie, mais entre justiciables de seigneuries distinctes (1), notamment, lorsque la contestation s'élevait entre nationaux d'États maritimes différents. C'était, en effet, un principe qu'on trouve formulé dans les statuts de nombre de petites républiques maritimes, que l'armateur qui avait eu à souffrir d'un dommage à lui causé par un armateur relevant d'une autre cité maritime, et qui n'avait pu obtenir par la voie judiciaire la satisfaction à laquelle il pouvait prétendre, avait le droit de « *currere super malefactorem donec plenarie fuerit emendatum* », de s'en prendre non pas seulement aux navires qui appartenaient à l'auteur du délit, mais encore aux navires qui appartenaient à ses compatriotes, et de se couvrir au moyen des prises qu'il faisait de l'indemnité qu'il avait en vain réclamée. La vengeance privée, sous la forme de la course, c'est-à-dire d'une piraterie à application limitée (2), était restée, dans les

(1) Charte de 1152 dans Ducange, V° *Marcha*. L'habitant de la seigneurie de Toulouse, qui aura été la victime d'un dommage (*malum*) de la part d'un habitant d'une seigneurie voisine, et qui n'aura pu obtenir réparation par la voie judiciaire, aura le droit de se faire justice à lui-même, de franchir la frontière (*marcha*), de considérer les hommes de la seigneurie à laquelle appartient l'auteur du dommage comme solidairement responsables et de s'en prendre à leurs biens, « *si noluerit rectum facere, ille qui malum accepit*, faciat marcham *de illis hominibus terræ* ». A retenir ce sens dérivé de *marcha* : du sens originaire de frontière, le mot *marcha* était devenu, suivant la définition de Ducange, « *facultas a Principe subdito data, qui injuria affectum se vel spoliatum ab alterius Principis subdito queritur, de quo jus vel rectum ei denegatur, in ejusdem Principis marchas seu limites transeundi, sibique jus faciendi* ». C'est avec ce sens dérivé, que le mot « *marcha* » devait se maintenir dans l'expression de *lettres de marque* (*licentia marcandi*). Cf. Holtzendorff-Geffcken, *Handbuch*, IV, p. 550, 551.

(2) D'où, pour désigner les particuliers qui se faisaient justice à eux-mêmes, les expressions, considérées comme synonymes, de *piratæ, prædones, corsarii qui piraticam exercent*.

conflits maritimes entre justiciables de groupes politiques différents, une des sanctions du droit (1).

Des conflits entre particuliers, la course ne tarda pas à s'étendre aux conflits entre États. Voici comment. Si les royautés du moyen âge trouvaient dans le mécanisme des institutions féodales les éléments d'une armée continentale, elles n'y trouvaient pas par contre les éléments d'une force navale. Le service militaire dont le vassal et la seigneurie urbaine étaient tenus, comprenait bien l'obligation de fournir au souverain des contingents de troupes de terre, nullement l'obligation de mettre des vaisseaux à sa disposition. A aucune de ses phases, la féodalité n'a connu ce qu'on pourrait appeler le fief à service militaire maritime (2). Dès lors, il est arrivé que les grandes individualités politiques, la France et l'Angleterre, notamment, ont été amenées, dans les guerres qu'elles ont eu à soutenir à la fin du XIIe siècle et dans le courant du XIIIe, à chercher dans la course le moyen de suppléer aux forces navales régulières qui leur faisaient défaut. Les guerres entre Etats sont devenues l'occasion d'armements en grand de la part des particuliers (3). Il était d'autant plus naturel que ceux-ci prissent fait et cause pour les États dont ils relevaient, qu'ils fissent la course pour le compte de leurs souverains, que, dans les idées de l'époque, la guerre n'était pas seulement une lutte d'État à État, mais de peuple à peuple (*bellum omnium contra omnes*), que les conflits entre les souve-

(1) Dès le XIIIe siècle, on constate une tendance à en réglementer l'exercice. Des traités stipulent que ce n'est que, faute d'avoir obtenu réparation dans un certain délai, que le particulier lésé pourra y recourir (Dumont, *Corps diplom.*, I, p. 166, 182, 389, 399). On en subordonne l'emploi à un contrôle qui consiste dans la nécessité d'obtenir des autorités locales une autorisation sous forme de *lettres de représailles* ou de *marque* (*licentia marcandi*, *supra*, p. 69, n. 1). Cf. Holtzendorff-Geffcken, *op. cit.*, p. 550. De Mas-Latrie, *Du droit de marque ou droit de représailles* (*Bibliothèque de l'école des Chartes*, 1866).

(2) Holtzendorff, *op. cit.*, I, p. 346, ed. fr., p. 308, 309.

(3) Les flottes de la France et de l'Angleterre, au moyen âge, se composaient d'un élément mercenaire et étranger, loué aux républiques maritimes italiennes, et d'un élément national, les corsaires équipés par les villes et les particuliers. Holtzendorff-Geffcken, *Handbuch*, IV, p. 551, 552; Langlois, *Le règne de Philippe III le Hardi*, p. 373, 374.

rains se trouvaient être en même temps des conflits entre leurs sujets.

46. — Dans cette adaptation aux luttes d'États, la course allait être, de son côté, le point de départ de conceptions internationales nouvelles. Les États qui s'en servaient avaient un intérêt politique à lui maintenir son caractère de piraterie à application limitée, exclusivement dirigée contre les vaisseaux et la propriété privée de l'adversaire ; ils s'évitaient ainsi toute difficulté avec les puissances qui restaient en dehors du conflit. De fait, on voit, au XIIIe siècle, républiques et souverains recommander à leurs sujets de s'abstenir, dans leurs armements en course, de toute attaque contre les vaisseaux *amis*, de ne diriger leurs entreprises que contre les vaisseaux *ennemis* (1). Par là se trouvait implicitement posée une notion qui avait été inconnue à l'antiquité (2), celle d'une condition internationale qui, en temps de guerre, ne sera ni l'hostilité ni l'alliance, la neutralité. C'était du même coup reconnaître, à ceux qu'on devait appeler plus tard les neutres, des droits à l'égard des belligérants (3).

S'il était facile de concilier les droits des « amis » avec ceux des belligérants, dans l'hypothèse simple de marchandises amies à bord de vaisseaux amis, la question était par contre fort délicate, dans le cas compliqué et cependant très pratique de marchandises amies embarquées à bord d'un navire ennemi, ou inversement, de navires amis ayant à leur bord de la marchandise ennemie. Que, dès le XIIIe siècle, on s'en soit préoccupé, le fait n'est pas douteux. Il s'était même formé sur ce point, dans la pratique des républiques maritimes du Midi, une véritable jurisprudence qui, depuis, a été reprise par l'une des grandes puissances maritimes modernes, et dont on trouve l'expression dans le *Consulat de la mer* (4).

Restait à discipliner l'exercice du droit de prise, à le subordonner à un contrôle judiciaire. Ce dernier progrès s'ac-

(1) Holtzendorff-Geffcken, *Handbuch*, IV, p. 550, note 9.
(2) Holtzendorff-Geffcken, *op. cit.*, p. 614.
(3) Cf. toutefois Holtzendorff-Geffcken, *op. cit.*, p. 616.
(4) De Boeck, *De la propriété privée ennemie*, n°s 12-14.

complit dans le courant du XIVe siècle. L'apparition de l'amiral dans le personnel administratif à la fin du XIIIe siècle, puis, l'attribution à ce personnage d'une juridiction sur « les choses de la mer », conduisit tout naturellement à lui confier le soin de décider dans quels cas une prise était régulière, dans quels cas elle ne l'était pas (1). L'institution des tribunaux des prises était trouvée. Dans ses traits essentiels, ce qu'on appellera le droit de la guerre maritime était constitué.

Et c'est ainsi que, par le seul effet de l'enchaînement qui se trouve dans les faits, par la seule vertu de la loi de causalité à laquelle ils obéissent, le moyen âge a contribué à augmenter les phénomènes internationaux, à étendre le cercle des règles à objet international. Il devait faire plus. Il allait préparer les esprits à la notion qui, seule, pouvait rendre possible la transformation des règles à objet international en un droit international, la notion d'une société d'Etats.

47. — II. Que la diffusion du droit de Justinien, à partir du XIIe siècle, ait pu aider à la formation de la notion d'une société entre les Etats de l'Europe occidentale, que le sentiment qu'il existait entre eux un certain fond commun de législation ait pu contribuer à éveiller cet autre sentiment qu'il existait entre eux une certaine communauté de droit, je n'en disconviens pas (2). Il ne faut pas, cependant, exagérer la part qui revient au droit romain dans la genèse de l'idée maîtresse sur laquelle repose la notion du droit international. Son action ne pouvait être et n'a été que secondaire. Il ne

(1) Ordonnance de Déc. 1373, art. 4 et s. (Isambert, VI, p. 849). Cf. Holtzendorff, *op. cit.* p. 346, 347, éd. fr. p. 308, 309.

(2) A noter la curieuse explication juridique par laquelle les glossateurs justifient les croisades. Caracalla n'ayant concédé la qualité de citoyen romain qu'aux habitants de l'Empire, il se trouve qu'il n'y a que les nations chrétiennes qui soient la continuation du peuple romain : quant aux infidèles, ils sont pour elles ce que les barbares étaient pour les Romains. Ce n'est qu'entre les nations chrétiennes qu'il existe un rapport de droit ; à l'égard des infidèles, il n'y a pas plus de droit, qu'il n'y en avait entre Rome et les barbares. On retrouve cette conception devenue en quelque sorte traditionnelle, au XVIe siècle, dans Alciat, commentaire sur la loi 118, au Digeste, *De verborum significatione* (Ed. 1560, t. III, p. 246). Cf. Heffter-Geffcken, *op. cit.*, p. 15, p. 20, note 12.

faut pas oublier que, si la connaissance du droit de Justinien s'était répandue au moyen âge dans toute l'Europe occidentale, cette diffusion par contre ne s'était pas produite partout avec les mêmes caractères, elle n'avait pas agi partout avec la même intensité. Tandis que, dans certains pays, le droit romain avait valeur de droit pratique, dans d'autres, il n'avait acquis qu'une autorité doctrinale, sa pénétration n'avait pas dépassé la couche savante de la société. Ce n'est donc pas le droit romain qui a pu répandre dans les esprits et vulgariser la notion d'une société d'Etats. C'est dans une autre direction qu'il faut chercher l'origine de cette conception. C'est à une influence beaucoup plus générale et surtout beaucoup plus profonde, à l'influence religieuse, qu'il la faut demander.

48. — C'est en effet sur le terrain religieux que cette notion s'est véritablement formée. On peut dire que ce sont les conceptions théocratiques de la papauté qui en ont été le point de départ. Je n'ai pas à me demander ici d'où ces conceptions sont sorties, à rechercher dans quelle mesure les théories augustiniennes sur la *civitas Dei*, le régime de la concorde et de la fraternité, ces théories dont on suit la trace dans la législation carolingienne de la fin du IXe siècle (1), ont pu contribuer à leur formation. Je dois me contenter de constater les faits, en les envisageant au point de vue de la contribution qu'ils apportent au développement historique du droit international.

Or, quel est le spectacle auquel le moyen âge nous fait assister ? Nous voyons que l'identité de religion a établi, indépendamment de toute relation contractuelle, un rapport de communauté entre les groupes politiques qui partagent la foi catholique. Ils nous apparaissent comme les membres d'une vaste société religieuse, dont le réseau s'étend sur toute l'Europe occidentale. Dans l'organisation de cette société, la papauté a réalisé le type sur lequel certains publicistes voudraient de nos jours modeler la société internationale : elle lui a donné la forme d'une confédération, mais d'une confé-

(1) Bourgeois, *Le capitulaire de Kiersy*, p. 206 et s., p. 283 et s.

dération théocratique dont le pape est le législateur et l'arbitre. C'est par une adaptation des préceptes religieux, qu'elle cherche à discipliner les relations de ses membres. On voit se former une école que j'appellerai l'école canonico-internationaliste, se dessiner une théorie canonique du droit de la guerre. C'est au Décret de Gratien qui prend ainsi une valeur internationale, qu'école et théorie se rattachent; c'est du Décret qu'elles procèdent (1).

La papauté a ses légats en Italie, en Allemagne, en France, en Espagne, en Angleterre. Elle en a même en Hongrie, en Pologne, en Danemark (2). En rattachant d'une manière permanente les membres de la société à son centre, l'institution a cet autre effet de resserrer le lien qu'établissait entre eux l'identité de la foi religieuse. A l'occasion, la papauté intervient, soit, pour régler d'une manière pacifique les différends qui surgissent entre les membres de la communauté (3), soit, pour faire cesser les luttes qui les divisent. C'est sur les bases d'une sentence arbitrale rendue le 30 juin 1298 par Boniface VIII, qu'est conclu le traité du 20 mai 1303 (4) qui terminait la guerre qui, depuis 1294, mettait aux prises la France et l'Angleterre.

Sans doute ces conceptions du moyen âge diffèrent profondément de nos conceptions modernes. Il y a loin de cette confédération théocratique, impliquant la subordination de ses membres à une autorité commune, à la société des États telle que nous la comprenons de nos jours. Toujours est-il que l'idée de société s'y trouvait, et que cette idée avait même reçu, dans la seule forme qui convint à l'époque, sa réalisation pratique. Il suffira de la dégager de l'enveloppe théocratique dans laquelle elle était enfermée, de la faire passer du terrain re-

(1) Les passages du Décret qui servent de points d'attache à cette école sont entre autres les c. VII, IX (*suprà*, p. 60, n. 1) et suivants, *Prima Pars*, *Dist.* I (Édit. Friedberg, I, p. 3). Cf. Rivier, *Note sur la littérature du droit des gens*, p. 9-15 et dans le *Handbuch* de Holtzendorff, I, p. 396, édit. fr., p. 352.

(2) Rocquain, *La papauté au moyen âge*, p. 111.

(3) Rocquain, *op. cit.*, p. 196, 290.

(4) Rocquain, *op. cit.*, p. 250.

ligieux sur un terrain exclusivement juridique et laïque, pour établir sur des bases scientifiques la notion du droit des gens. Ce travail de laïcisation, c'est au XVIe siècle qu'il commence.

49. — *Période moderne.* — On peut dire que c'est du XVIe siècle que date la notion du droit des gens. Comprenons bien, cependant, ce qui lui vaut cette importance dans l'histoire du droit international.

Le moyen âge n'avait eu de l'État qu'une notion altérée. Il n'avait connu que des entités politiques à souveraineté incomplète, dépendantes, reliées les unes aux autres par des rapports de vassalité. Le XVIe siècle réintroduit la conception de l'État, telle que l'antiquité l'avait connue (1). Précipitant l'évolution qui avait commencé à se produire, à partir du XIVe siècle, dans l'organisation interne des groupes européens, il leur donne la forme qu'ils ont gardée depuis : celle de groupes organisés, indépendants, ayant leur volonté propre, et trouvant, dans la souveraineté dont ils sont investis sur leur territoire, les prérogatives nécessaires à sa réalisation. Les royautés féodales se transforment en États, au sens moderne du mot, ayant leur budget, leur armée, leur marine. La souveraineté, éparse au moyen âge, se concentre dans la main du roi qui devient l'incarnation de l'Etat.

La découverte de l'Amérique (1492) et d'une route maritime vers les Indes orientales (1498) n'a pas seulement pour effet d'augmenter l'essor des relations commerciales ; elle donne à la politique une orientation nouvelle, la politique coloniale. Elle pose des problèmes auxquels, jusque-là, on n'avait pas songé : celui de la liberté des mers, celui des acquisitions de territoire par occupation.

Les négociations entre États, d'intermittentes, deviennent continues. Elles ont un aliment sans cesse renouvelé dans les difficultés de la politique coloniale, dans les combinaisons auxquelles donne lieu la rivalité naissante des maisons de France et d'Autriche. Et comme il faut à des négociations permanentes des organes permanents, les États sentent le besoin d'avoir à demeure, les uns auprès des autres, des

(1) Gareis, *op. cit.*, p. 13, 14.

agents qui les représentent et par lesquels ils s'observent. Il se développe un réseau de légations permanentes (*legationes assiduæ*). A côté du type traditionnel mais devenu insuffisant de l'envoyé à mission spéciale et temporaire, on voit se généraliser un type nouveau, celui de l'agent diplomatique sédentaire et à fonctions générales. La conduite des affaires extérieures de l'État devient une science, la diplomatie (1).

50. — Reconstruction politique des groupes européens, ouverture de courants commerciaux nouveaux, développement des relations entre États, création des missions diplomatiques permanentes, voilà certes des phénomènes internationaux d'une valeur considérable. Et cependant, ils ne sont que le côté secondaire de l'œuvre du XVIe siècle. S'il s'en fut tenu là, il n'eut fait que continuer un mouvement qui avait commencé au moyen âge ; il n'eut pas créé, en matière internationale, un ordre de choses nouveau. Ce qui lui vaut son importance, c'est d'avoir, par la sécularisation de la notion d'une société d'États qu'il tenait du moyen âge, dégagé les idées maîtresses sur lesquelles repose le droit des gens ; c'est d'avoir transformé, en un droit international, ce qui n'avait été jusque là que des règles à objet international.

Les conceptions théocratiques du moyen âge avaient commencé à être fortement entamées, quand, à la fin du XIIIe siècle, la royauté française s'était mise à réagir contre la suprématie que la papauté prétendait exercer sur les royautés temporelles. Le grand schisme avait accentué la décadence : divisée contre elle-même, la papauté en était sortie, diminuée dans son prestige, affaiblie dans son autorité morale. La Réforme, en brisant l'unité religieuse, leur porta le dernier coup. On ne pouvait plus maintenir à la société des États la forme traditionnelle d'une confédération théocratique, puisque certains d'entre eux, et non des moins importants, avaient

(1) Nys, *Les commencements de la diplomatie et le droit d'ambassade jusqu'à Grotius* (R. D. I., XV, p. 577 et s., XVI, p. 55, 167). La littérature à laquelle donne lieu ce phénomène international, l'ambassade, augmente avec l'importance nouvelle qu'il prend (R. D. I., XIX, 1887, p. 17-36).

rejeté, jusque dans le domaine spirituel, la suprématie de la papauté. Il ne pouvait plus être question de lui donner comme base l'unité de foi catholique, puisque cette unité avait disparu, pour faire place à la diversité et à l'antagonisme de confessions rivales. Il fallait trouver autre chose, chercher d'autres conceptions sur lesquelles asseoir la notion d'une société d'États.

La Renaissance, par le changement de front qu'elle opère dans la discipline intellectuelle, crée l'état d'esprit qui va faciliter cette transformation. Le moyen âge n'avait connu que l'esprit de soumission théologique. A cet esprit qui convenait aux conceptions théocratiques, la Renaissance substitue un esprit nouveau, esprit d'indépendance, de curiosité et de recherches scientifiques. Laïque, c'est dans des directions laïques qu'il va chercher la solution du problème international. Le XVIe siècle est d'autant plus porté aux idées de solidarité et de communauté de droit entre États, que la Renaissance fait circuler partout, alimenté aux mêmes sources de haute culture, « un esprit commun, international par définition, l'humanisme » (1).

51. — De fait, sous l'action combinée de ces deux facteurs, Réforme, Renaissance, il se produit, au XVIe siècle, un changement complet dans la manière de comprendre les rapports entre États. Du terrain religieux sur lequel elle s'était formée au moyen âge, la notion d'une société d'États passe sur un terrain exclusivement laïque et juridique. Si cette société ne se modifie pas dans les éléments dont elle se compose, si son cadre reste limité aux États chrétiens de l'Europe occidentale (*christianus orbis*), il s'opère du moins dans son fondement, sa forme, le droit qui la régit, un travail de laïcisation dont on trouve les résultats, dès le début du XVIIe siècle, dans un passage d'autant plus significatif que c'est de la plume d'un canoniste qu'il émane (2).

(1) Lavisse, *Vue générale de l'histoire politique de l'Europe*, 1890, p. 187.

(2) Suarez, *De Legibus ac Deo legislatore* (1612), lib. II, cap. XIX (Ed. 1619, p. 113) : « *Ratio autem hujus.... juris (jus gentium) est, quia hu-*

La société des États s'est laïcisée dans son fondement. Ce n'est plus sur la communauté de foi religieuse qu'on la fait reposer, mais sur cette idée essentiellement laïque, que les États ne peuvent se suffire à eux-mêmes, qu'ils ont besoin les uns des autres, que la loi de sociabilité est la condition de leur progrès, comme elle est la condition du progrès des individus, *nunquam enim illæ communitates adeo sunt sibi sufficientes sigillatim, quin indigeant aliquo mutuo juvamine, et societate, ac communicatione* (1). Elle s'est laïcisée dans sa forme. Ce n'est plus sous la forme d'une confédération théocratique, impliquant la subordination de ses membres à une autorité supérieure, qu'elle se présente, mais sous la forme d'une société d'une nature spéciale, *genus societatis*, reliant les États par une réciprocité de droits et de devoirs, sans cependant leur rien faire perdre de leur indépendance. Elle s'est laïcisée dans le droit qui la régit. La notion d'une so-

manum genus quantumvis in varios populos et regna divisum, semper habet aliquam unitatem non solum specificam, sed etiam quasi politicam et moralem,... Quapropter licet unaquæque civitas perfecta, respublica aut regnum, sit in se communitas perfecta, et suis membris constans, nihilominus quaelibet illarum est etiam membrum aliquo modo hujus universi, prout ad genus humanum spectat; nunquam enim illae communitates adeò sunt sibi sufficientes sigillatim, quin indigeant aliquo mutuo juvamine, et societate, ac communicatione, interdum ad melius esse, majoremque utilitatem ; interdum vero etiam ob moralem necessitatem, et indigentiam, ut ex ipso usu constat. Hac ergo ratione indigent aliquo jure, quo dirigantur, et recte ordinentur in hoc genere communicationis et societatis. Et quamvis magna ex parte hoc fiat per rationem naturalem, non tamen sufficienter et immediate quoad omnia ; ideoque aliqua specialia jura potuerunt usu earumdem gentium introduci ». Tout ce livre II est très curieux. On ne lui a pas donné l'importance qu'il mérite. On y trouve en somme la substance du *De jure belli ac pacis* de Grotius.

(1) C'est la même idée que, quelques années auparavant, en 1603, Sully développait à Henri IV : « Vostre Majesté doit mettre en considération qu'autant qu'il y a de divers climats, régions et contrées, autant semble-t-il que Dieu les aye voulu diversement faire abonder en certaines propriétés, commodités, denrées, matières, arts et mestiers spéciaux et particuliers, qui ne sont point communes, ou, pour le moins, de telle bonté aux autres lieux, afin que par le traffic et commerce de ces choses (dont les uns ont abondance et les autres disette), la *fréquentation, conversation* et *société humaine*, soient entretenüe entre les nations, tant esloignées peussent-elles être les unes des autres » (*Œconomies royales*, Ed. Petitot, V, p. 65, 66).

ciété impliquait la nécessité d'un droit qui disciplinât les relations de ses membres, qui les gouvernât dans le rapport de société dans lequel ils se trouvent, *hac ergo ratione indigent aliquo jure, quo dirigantur, et recte ordinentur in hoc genere communicationis et societatis*. C'est dans des sources exclusivement laïques, la raison (*naturalis ratio*), la pratique des nations, qu'on en cherche les origines.

Société des États fondée sur la solidarité de leurs intérêts, communauté de droits et de devoirs entre les membres qui la composent, nécessité d'un ordre juridique réglementant leurs relations, toutes ces idées qui sont les postulats indispensables à la notion du droit des gens, le XVIe siècle en a l'intuition (1). Les règles (*specialia jura*) qu'introduit la pratique des nations (*usus gentium*) ne sont plus seulement internationales par l'ordre des relations auxquelles elles se réfèrent, elles le sont aussi par l'ensemble des conceptions auxquelles elles se rattachent. Elles ont leur synthèse dans la notion d'un ordre juridique qui doit régner dans une société des États. Elles sont devenues la manifestation pratique du droit qui doit la régir. On peut dire d'elles, désormais, qu'elles composent un droit international. Entre ce *jus gentium* par lequel on continue à les désigner et ce que les Romains désignaient du même nom, il n'y a d'autre similitude que celle des mots. Sous son double aspect théorique et positif, le droit des gens existe. Dès la première moitié du XVIIe siè-

(1) Elles ne sont pas particulières à Suarez. La notion d'une communauté entre États, avec le caractère qu'il lui attribue, avec le développement qu'il lui donne et qu'elle devait mettre, on le verra, plus de deux siècles à réaliser, on la trouve, au XVIe siècle, dans l'apologie de François I à Paul III (Laurent, *Etudes sur l'histoire de l'humanité*, X, p. 120 ; Nys, R. D. I., 1893, p. 39, 40), chez Albéric Gentil (Gareis, *op. cit.*, p. 17). Elle forme le fond de ce curieux projet d'union universelle esquissé, au début du XVIIe siècle, par Emeric Crucé dans son *Nouveau Cynée* (R. D. I., 1890, p. 377-384). Le *grand projet* de Henri IV (*Œconomies royales*, éd. Petitot, VII, p. 94 et s., p. 298 et s.) qui, prenant la société des États telle qu'elle est, c'est-à-dire avec son cadre limité aux États chrétiens de l'Europe occidentale, revenait, dans l'organisation de cette société, à la forme d'une confédération, se ressent du moins du travail de laïcisation qui s'est opéré au XVIe siècle, en ce que cette confédération est une confédération laïque.

cle, il est exposé dans son ensemble par le hollandais Grotius. A son tour, la science du droit international était fondée.

52. — Ces conceptions qui vont constituer désormais l'état d'esprit en matière internationale, ne restent pas limitées au domaine spéculatif. Elles se révèlent dans les faits. Dès le XVIe siècle, le sentiment qu'il existait, en dehors de toute relation contractuelle, entre les États de l'Europe occidentale, une communauté de droit, se traduisait par une amélioration notable dans la façon de comprendre la condition de ceux de leurs nationaux qui se trouvent en pays étranger. La notion qu'ils constituent une société en dehors de toute subordination à une autorité commune, cette notion qui, dès le XVIe siècle, avait sa figuration tangible dans le personnel des missions permanentes accréditées auprès de la plupart d'entre eux, va s'affirmer, au XVIIe siècle, d'une manière officielle, dans les instruments diplomatiques qu'on est convenu d'appeler le traité de Westphalie.

Le traité de Westphalie (1648) n'est pas seulement un événement considérable de l'histoire générale, en ce qu'il a déterminé l'assiette politique de l'Europe jusqu'aux grands bouleversements qui ont suivi la Révolution française. Il marque aussi une date dans l'histoire du droit des gens. Il faut toutefois s'entendre sur cette importance.

On présente d'ordinaire le traité de Westphalie comme ayant posé les bases du droit international, comme en étant le point de départ (1). C'est une exagération. Ce n'est pas du traité de Westphalie que datent les idées qui sont les idées maîtresses sur lesquelles repose la notion du droit des gens. Ces idées, on vient de le voir, s'étaient développées au XVIe siècle. Le traité de Westphalie n'a fait que les appliquer à la situation politique née de la guerre de Trente ans. Il ne crée pas, il constate.

(1) D'habitude, on ne voit dans la période qui va de la fin du XVe siècle à 1648 qu'une simple époque de transition. C'est du traité de Westphalie, qu'on fait dater la période moderne qu'on subdivise en deux phases dont le congrès de 1815 forme le point de partage.

Ce qui n'empêche que, même ramené à ces proportions, il présente, au point de vue de l'histoire du droit international, le triple intérêt que voici : 1° il est le résultat de négociations, menées en partie double, qui s'étaient ouvertes, dès 1644, dans les deux villes d'Osnabrück et de Münster et auxquelles avaient pris part toutes les puissances occidentales, à l'exception de l'Angleterre, c'est-à-dire, en somme, la presque totalité des États qui entraient alors dans la composition de la communauté internationale. Il nous apparaît comme la première application du procédé du congrès au règlement d'affaires internationales. La société des États s'y révèle comme une réalité agissante, délibérant en commun sur ses propres intérêts. 2° En consacrant l'indépendance politique des princes protestants d'Allemagne, en les admettant, malgré les protestations du Saint-Siège, à prendre part au règlement des questions qu'avait soulevées la guerre de Trente ans, le traité réalisait un commencement d'application à la composition de la communauté internationale de la laïcisation qui s'était produite, au XVIe siècle, dans sa forme et dans son fondement. 3° En reconnaissant l'indépendance de la Suisse et des Pays-Bas, en réunissant dans une négociation commune les représentants d'États à forme républicaine et ceux d'États à forme monarchique, le traité de Westphalie a, non pas, comme on le dit souvent, proclamé l'égalité des États entre eux, mais traduit en un acte diplomatique cette idée qui avait déjà été énoncée par Suarez, c'est que la qualité de membre de la communauté internationale est, pour un État, indépendante de la forme de son gouvernement.

53. — Il semblerait que l'histoire du droit international, à partir du XVIIe siècle, dût être l'histoire d'un progrès continu, non seulement dans sa partie théorique, mais aussi dans sa partie pratique. Il n'en est rien cependant. C'est même parfois tout le contraire qui se produit. Et il se trouve que, par une contradiction curieuse, le XVIe siècle qui avait créé le droit des gens, avait également déposé le germe qui devait sur bien des points empêcher son amélioration.

La Renaissance avait pris à l'antiquité et vulgarisé le type de l'État, sur lequel allait s'opérer la transformation politique des groupes européens. Elle lui prend également la théorie, que l'intérêt constitue pour l'État la loi suprême d'après laquelle il doit se conduire. Systématisée par Machiavel dans son livre *Le Prince* (1515), la doctrine de l'intérêt du Prince et de la raison d'État devient la règle de conduite dont s'inspirent diplomates et politiques, « l'évangile selon Machiavel » que, pendant plus de deux siècles, ils vont méditer. Les mœurs politiques s'en ressentent (1). Et comme il existe, on l'a vu, une corrélation très étroite entre la politique et l'élément pratique du droit des gens, il se trouve que la raison d'État va agir sur certaines des règles internationales pour les dénaturer.

Appliquée au droit de la guerre, elle le déforme. Le droit de la guerre, tel qu'on le comprenait au XVIIe et au XVIIIe siècle, ne gagne pas à être comparé au droit de la guerre tel qu'on l'avait compris dans la première moitié du moyen âge. La guerre est considérée comme légitime toutes les fois qu'il est de l'intérêt du Prince de la faire. Et comme il est aussi de son intérêt de surprendre son adversaire pour en avoir plus facilement raison, la pratique en arrive à admettre la légitimité des actes d'hostilité accomplis par surprise et sans déclaration de guerre préalable. Une fois la guerre engagée, la raison d'État commande qu'on fasse à l'adversaire le plus de mal possible. C'est le meilleur moyen de vaincre rapidement sa résistance, comme aussi, par l'affaiblissement qu'on lui inflige, la plus sûre garantie contre toute velléité de revanche. De là, dans la guerre maritime, cette exagération des droits des belligérants qui devait, dès 1780, provoquer les protestations des neutres (2). De là, ce droit de la guerre continentale, fait de pillage et de terreur, introduit pendant

(1) Il faut lire, sur cette influence qu'a exercée la doctrine de l'intérêt du Prince et de la raison d'État, les remarquables pages de Sorel, *L'Europe et la Révolution française*, t. I, p. 9-91. Cf. Gareis, *op. cit.*, p. 14-16.

(2) *Suprà*, p. 31, note 3.

la guerre de Trente ans, repris par Louis XIV, conservé pendant les guerres du XVIIIe siècle (1).

La communauté internationale se ressent des idées d'inégalité qui règnent dans l'intérieur des États dont elle se compose. On voit s'établir entre ses membres une hiérarchie analogue à la hiérarchie des personnes que, à la même époque, l'on trouve dans l'organisation sociale de chacun des groupes particuliers. Le privilège s'y manifeste sous la forme d'une prééminence juridique revendiquée par certaines puissances. Il est de l'intérêt du Prince de réclamer au profit de sa couronne, et, au besoin, de soutenir par les armes, une supériorité de rang. Comme aussi, il est de son intérêt d'étendre ses domaines ; car il gagne en force et en grandeur ce qu'il gagne en territoire. Si la raison d'État n'a pas créé le droit de conquête, elle contribue du moins à le maintenir. Le sentiment des populations, c'est là une considération que ce droit essentiellement réaliste ne songe pas à faire entrer en ligne de compte parmi les conditions de la régularité des acquisitions de territoire (2). Il faut bien reconnaître, d'ailleurs, que les conceptions du droit public qui concentrent la souveraineté dans la main du Prince, qui lui reconnaissent un droit de propriété sur son royaume, s'y opposent. Combinée avec le rêve de la monarchie universelle qui n'a pas cessé de hanter les esprits (3), la doctrine de l'intérêt engendre, au XVIe siècle, les prétentions de la maison d'Autriche, et, au XVIIe siècle, la politique non moins envahissante de la maison de France.

54. — Il est vrai que, dans cette application, elle allait trouver en elle-même sa propre limitation. S'il est en effet de

(1) Sorel, *op. cit.*, p. 82 et s.

(2) Tout au plus se préoccupe-t-on d'atténuer pour elles les conséquences de la cession, en permettant aux habitants des territoires cédés de garder leur nationalité première en quittant le pays. Encore, cette clause qui ne commence à apparaitre dans les traités qu'à partir de la fin du XVIIe siècle, ne s'y rencontre-t-elle que de loin en loin et à titre exceptionnel. Traité de Ryswyck du 30 octobre 1697, article 17 (Dumont, VII², p. 424) ; traité d'Utrecht des 13 mars-11 avril 1713, article 14 (De Clercq, I, p. 7).

(3) Lavisse, *op. cit.*, p. 115.

l'intérêt du Prince qu'il s'agrandisse, il est par contre de l'intérêt des autres États, qu'ils s'opposent à cet agrandissement, lorsqu'il est de nature à compromettre leur propre sécurité. La politique de conquête avait sa limite dans le droit de conservation des autres États. On l'exprime en une formule, c'est qu'il doit y avoir, entre les forces des États qui composent la société internationale, une certaine proportion, un certain équilibre, et que toute conquête, par laquelle un État rompt cet équilibre, donne aux autres États le droit de s'y opposer. On l'érige en théorie, la théorie de l'équilibre européen. Déjà conçue au XVIe siècle, la théorie se précise dans le courant du XVIIe pour passer, au commencement du XVIIIe, dans la langue des traités (1). A partir du XVIIe siècle, elle inspire toute une littérature (2). Elle devient, et elle restera jusque dans le milieu de ce siècle, un principe du droit des gens, le principe directeur d'après lequel la politique se guide (3).

Elle devait, il est vrai, l'entendre en des sens divers et qui sont loin d'être tous également satisfaisants. Dans sa première manière, en tant qu'elle s'analysait en un simple veto contre la politique de conquête, la théorie de l'équilibre était parfaitement rationnelle. Elle n'était, en somme, qu'une manière d'exprimer une des conséquences qu'implique le droit de conservation des États. Elle a rendu de grands services. Elle a protégé l'Europe, d'abord, contre les tentatives d'hégémonie de l'Autriche, puis, contre celles de Louis XIV. Le malheur est qu'elle devait, au XVIIIe siècle, dévier dans son application. Au lieu de continuer à l'entendre en ce sens que les États, menacés par les agrandissements territoriaux de l'un d'eux, ont le droit d'exiger qu'il y renonce et qu'il remette les choses dans l'état où elles étaient avant son acquisition,

(1) Traité anglo-espagnol des 2-13 juillet 1713 (Dumont, VIII[1], p. 394). L'art. 2 dit qu'il est conclu « ad firmandam stabiliendamque pacem ac tranquillitatem christiani orbis *justo potentiæ æquilibrio* ».

(2) Elle a été relevée par Ompteda dans sa *Literatur des gesammten sowohl natürlichen als positiven Vœlkerrechts*, 1785, § 192, II, p. 484 et s. Quelques indications dans Rivier, *Lehrbuch*, p. 19, note.

(3) Heffter-Geffcken, § 5, n. 1, § 6, n. 15, 16.

on l'entend en ce sens qu'ils ont le droit de chercher, de leur côté, dans des acquisitions analogues, une juste compensation. C'était, dans la théorie de l'équilibre, comme une seconde manière, le système des compensations; elle aboutit à ce qu'on devait appeler, dans la seconde moitié du XVIIIe siècle, le « système copartageant » (1), ce système dont le partage de la Pologne est resté la monstrueuse application.

55. — On peut donc dire qu'il y a eu en matière internationale, dominé par la doctrine de l'intérêt du Prince, influencé par les conceptions du droit public interne, un ancien régime, tout comme il y a eu, dominé par les idées de privilège et de souveraineté monarchique, un ancien régime dans le domaine des institutions sociales et politiques. La Révolution française qui a mis fin à l'un devait, sinon mettre fin à l'autre, du moins introduire des idées qui allaient sur bien des points donner au droit international une orientation nouvelle. Dans l'histoire du droit des gens depuis le XVIe siècle, si le traité de Westphalie marque une date, la Révolution de 1789 en marque une autre et non moins importante (2). Le 28 octobre 1792, la Convention chargeait son comité diplomatique de formuler les principes dont la République s'inspirerait dans ses négociations avec les autres peuples, et de rédiger une Déclaration du droit des gens qui devait être aux

(1) Il a sa jurisprudence, sa casuistique, son argot. Sorel, *op. cit.*, p. 41.

(2) Les membres de la Constituante ont eu le sentiment très net de l'influence que devaient exercer, sur le droit des gens, quelques-unes des réformes d'ordre interne qu'ils avaient proclamées. Ils ne manquent pas d'opposer, — et cela deviendra comme une tradition (Sorel, *op. cit.*, II p. 96 et s., et *passim*) —, au droit des gens de l'ancien régime, à l'ancien droit des gens, le droit des gens nouveau, c'est-à-dire, avec l'orientation nouvelle que lui donnent les idées contenues dans la Déclaration. Quant aux auteurs modernes, la plupart ne paraissent pas s'être rendu compte de l'influence que la Révolution a eue en matière internationale. Ils ne lui attribuent aucune importance. D'autres ne la voient en quelque sorte qu'au travers du décret du 19 novembre 1792. Mais ce n'est là qu'une mesure de circonstance (Sorel, *op. cit.*, III, p. 169), un incident de la lutte contre la coalition, qui, pas plus que la déviation qui s'est produite dans la politique extérieure de la Convention, ne diminue en rien la part qui revient aux idées de la Constituante dans l'évolution du droit des gens.

États ce que la Déclaration des droits de l'homme était aux citoyens. Le décret n'eut pas de suite (1). Ce qui n'empêche que les réformes formulées par l'Assemblée constituante ont pris une portée internationale, qu'elles ont eu leur contre-coup dans le domaine du droit des gens. La *Déclaration des droits de l'homme* n'est pas seulement un document à valeur interne ; elle est également, par l'influence qu'elle a exercée sur l'évolution ultérieure du droit des gens, un document à valeur internationale (2).

La communauté internationale qui s'était ressentie des idées d'inégalité sur lesquelles reposait l'ancienne organisation sociale des groupes particuliers dont elle était formée, devait se ressentir des idées d'égalité juridique qu'introduit la Déclaration. A la notion du privilège, la Déclaration avait substitué la notion de l'égalité civile, c'est-à-dire de l'égalité des citoyens devant la loi (3). De l'ordre social interne, ces idées sont passées dans l'ordre international. Elles ont précipité l'évolution qui s'y est faite dans le sens du principe de l'égalité juridique des États au regard du droit international. Elles ont contribué à faire passer le principe du domaine

(1) Le 18 juin 1793, l'abbé Grégoire demande à la Convention d'exécuter le décret de 1792 et de faire une Déclaration du droit des gens. L'idée est écartée comme intempestive. Il y revient à la séance du 23 avril 1795 et donne lecture d'un projet de Déclaration (*Moniteur*, n° 217). La Convention décrète l'impression du discours et du projet ; puis, le lendemain, revient sur son vote, sur l'observation qui lui est faite, au nom du Comité de salut public, des inconvénients que, dans les circonstances actuelles, le vote pouvait présenter (*Moniteur*, n° 218). Je reproduis en appendice le projet de Grégoire. Un contemporain, G. F. de Martens, lui a consacré la préface de son *Einleitung in das positive Europæische Vælkerrecht* (1796). Cette préface est curieuse, non pas tant par la critique qu'elle fait du projet, que par les idées qu'elle énonce sur les caractères que doit présenter une codification du droit des gens, *codex juris gentium positivi*, pour avoir chance d'aboutir.

(2) Olivi, *De quelques conséquences de la déclaration des droits de l'homme dans le domaine du droit des gens* (*Revue catholique des institutions et du droit*, 1889, I, p. 97-108), mais avec des appréciations et des critiques que je ne partage pas.

(3) Les hommes naissent et demeurent libres et égaux en droits (art. 1). La loi doit être la même pour tous, soit qu'elle protège, soit qu'elle punisse (art. 6).

théorique dans le domaine pratique. Transposés en langage international, les deux articles de la Déclaration sont devenus, l'un, le principe que les États naissent et demeurent égaux en droits, l'autre, le principe que, à civilisation égale, le droit international doit être le même pour tous les États et quant aux droits qu'il confère et quant aux devoirs qu'il impose.

La Déclaration avait reconnu à l'individu, comme homme, un minimum de droits naturels qui étaient comme les attributs de sa personnalité, qui n'étaient pas une création artificielle de l'association dont il faisait partie et qu'elle devait protéger : *le but de toute association politique est la conservation des droits naturels et imprescriptibles de l'homme* (art. 2). Du moment que la conservation de ces droits était le but de l'État, elle devenait indirectement l'un des buts de la communauté internationale dont les États font partie. En reconnaissant à l'individu comme homme des droits naturels, la Déclaration se trouvait lui reconnaître des droits internationaux, en ce sens qu'ils sont placés sous la sauvegarde et la protection du droit international. Et c'est ainsi qu'elle a été le point de départ d'une théorie, dont on trouve l'application notamment dans la série des mesures prises de 1815 à 1890 contre la traite, à savoir que les États civilisés peuvent et doivent, comme organes du droit international, intervenir pour faire respecter les droits naturels de l'homme, là où ils sont méconnus.

Enfin, déplaçant la souveraineté que l'ancien régime avait concentrée dans les mains du Prince, la Déclaration substituait au principe de la souveraineté monarchique le principe de la souveraineté nationale : *le principe de toute souveraineté réside essentiellement dans la nation* (art. 3). On remarquera ce terme de nation. Dans ce sens, il constituait une nouveauté. Par les idées qu'il éveillait, il allait donner au principe de la souveraineté nationale une portée qui devait dépasser l'ordre constitutionnel en vue duquel on l'avait tout d'abord formulé. Il distinguait de l'État, groupement politique, un groupement naturel, reposant sur la communauté d'aspirations et de sympathies, la nation. Il lui reconnaissait des droits. Si le groupe social, en tant que nation, c'est-à-dire qu'entité consciente d'elle-même, avait le droit de régler la forme de son gouvernement, il devait avoir également le droit de choisir et de déterminer la formation politique, qui lui paraissait le plus à même d'assurer la réalisation de son progrès moral et matériel. Par là, le principe prenait une signification internationale, dont l'Assemblée constituante allait être la première à se rendre compte (1), dont elle devait elle-même déduire des applications.

Dans son adaptation internationale, le principe de la souveraineté nationale impliquait en effet la série des conséquences que voici : 1° c'est, d'abord, qu'un État n'est constitué d'une manière rationnelle, qu'autant qu'il répond au vœu des populations qu'il renferme, aux sympathies du groupe social dont il est la forme politique. Le principe de la souveraineté nationale renfermait le critérium d'après lequel il faut juger, si la formation d'un État est légitime ou non. 2° C'est, ensuite, qu'aucune fraction du groupe social n'en peut être détachée sans son consentement. Le principe de la souveraineté nationale introduisait, dans les conditions de la régularité des cessions de territoire, un élément spiritualiste que l'ancien régime n'avait pas soupçonné, à savoir le consentement des populations (2). 3° C'est, enfin, que les groupes sociaux ont le droit de chercher, dans des formations politiques différentes de celles auxquelles ils sont rattachés, la réalisation de leurs destinées. Ils ont donc le droit, ou bien, de se réunir à l'État vers lequel les pousse la communauté de sympathies (3), ou bien, lorsqu'il n'existe pas de formation politique correspondant à leurs aspirations, d'en créer une en s'émancipant. Le principe de la souveraineté nationale se trouvait ainsi renfermer le germe d'une théorie, que des exagérations d'ap-

(1) A propos de la question d'Avignon et de l'affaire des princes possessionnés d'Alsace.

(2) Dit par Tronchet dans son rapport du 27 août 1790 (*Arch. parlem.*, XVIII, p. 369). Cf. Sorel, *op. cit.*, II; p. 100.

(3) Application faite par l'Assemblée constituante à propos d'Avignon. Cf. Sorel, *op. cit.*, II, p. 99-105, 197-203, 293-294.

plication ont fait dévier de son point de départ, mais qui n'en a pas moins exercé une action profonde sur l'histoire du XIXe siècle, la théorie des nationalités (1).

56. — Ce n'est pas en vain, en effet, que la Révolution française avait posé ces idées. Elles devaient lui survivre, faire leur chemin, triompher des efforts tentés en 1815 pour leur barrer la marche. On a qualifié l'ensemble de l'œuvre entreprise par les puissances alliées d'œuvre de réaction. Le jugement est exact, pour qui ne la considère que dans son côté politique. L'esprit de réaction se fait sentir dans toutes les directions. A la notion de solidarité comme fondement de la société des États, la Sainte Alliance (14-26 septembre 1815) (2) substitue des conceptions d'ordre mystique et religieux. Au lieu de continuer à demander à des sources laïques les éléments du droit qui doit régir la communauté internationale, elle les cherche dans une adaptation aux relations entre États des préceptes de la religion chrétienne (3). Par là, on revenait sur le travail de laïcisation qui s'était opéré au XVIe siècle.

On revenait également sur les théories qui avaient été formulées par la Révolution française.

Dans son travail de reconstruction des États bouleversés par le premier Empire, le congrès de Vienne ne tient aucun compte du sentiment des populations. Les puissances alliées qui le dirigent, n'ont qu'une préoccupation : distribuer l'Europe de façon que les États s'y fassent contrepoids, dut-on,

(1) Sur le rapport entre le principe de la souveraineté nationale et le principe des nationalités, Lavisse, *op. cit.*, p. 198 et s.

(2) Le traité de la Sainte Alliance (De Clercq, II, p. 629) qui, d'abord, n'était intervenu qu'entre la Russie, l'Autriche et la Prusse, avait réservé aux autres États la faculté d'adhésion. A l'exception de l'Angleterre, tous les États européens, même la Suisse (27 juillet 1817), y adhérèrent.

(3) Sur la Sainte Alliance, Sorel, *Le traité de Paris du 20 novembre 1815*, p. 132 et s. ; Muhlenbeck, *Etude sur les origines de la Sainte-Alliance*, 1887. Le régime de fraternité chrétienne n'était pas une idée nouvelle. On trouve une conception analogue dans la législation carolingienne de la seconde moitié du IXe siècle (*suprà*, p. 73, n. 1). Le tort était qu'un régime qui pouvait se concevoir à la fin du IXe siècle, constituait, suivant le mot de Gentz, un anachronisme « dans le code diplomatique du XIXe siècle ». Heffter-Geffcken, § 6, note 21; Sorel, *op. cit.*, p. 136.

pour y parvenir, réunir dans un même groupement politique les populations les plus opposées de mœurs et de traditions. La théorie dont elles s'inspirent, c'est la théorie de l'équilibre, mais une théorie de l'équilibre troisième manière, érigée en système sur la formation des États.

57. — Elles la complètent par un principe, dont elles vont faire le contre-pied du principe de la souveraineté nationale, auquel elles vont donner une double signification constitutionnelle et internationale, le principe de légitimité. Au point de vue constitutionnel, il marquait le retour à la conception d'ancien régime de la souveraineté monarchique : il signifiait que c'est dans le Prince que réside l'autorité suprême ; que, tenant son pouvoir de Dieu et de sa naissance, c'est à lui seul qu'il appartient d'en régler l'exercice. Dans sa signification internationale, il voulait dire que la légitimité de l'autorité dont le Prince est investi s'étend au cadre territorial dans lequel il l'exerce ; que les populations n'ont pas plus le droit de modifier l'assiette territoriale des États, qu'elles n'ont le droit de modifier la forme de leur gouvernement. C'était dénier aux groupes sociaux les droits que la Déclaration leur avait implicitement reconnus.

Il ne suffisait pas d'avoir reconstitué de toutes pièces un système d'États, d'y avoir rétabli les anciennes dynasties, d'avoir placé États et souverains sous la garantie du principe de légitimité, il fallait encore les protéger contre les retours offensifs des idées révolutionnaires. Le traité de la Sainte Alliance avait bien jeté les bases d'une sorte de société d'aide et de secours mutuels entre les gouvernements. L'association était trop vaste ; son lien, trop lâche ; son but, pas assez défini. L'idée est reprise, en 1818, par les puissances qui, à raison de leur importance politique, avaient le plus contribué à l'œuvre de 1815, et qui avaient par suite le plus d'intérêt à sa conservation. Limitée aux cinq grandes puissances, la France, l'Angleterre, la Prusse, l'Autriche, la Russie, l'association pour le maintien de l'état de choses créé par le congrès de Vienne devient la *pentarchie* (1). La défense du

(1) Debidour, *op. cit.*, I, p. 123.

principe de légitimité, dans sa double application constitutionnelle et internationale, est son but ; l'intervention sera son moyen.

58. — Rien n'y fait. On avait essayé d'opposer le principe de légitimité au principe de la souveraineté nationale, c'est ce dernier qui l'emporte. Il triomphe dans l'ordre constitutionnel. La France qui avait proclamé, en 1789, le droit pour la nation de régler la forme de son gouvernement, devait à nouveau le faire prévaloir en 1830, en 1848, et, par son exemple, provoquer l'évolution libérale qui s'est faite dans les institutions politiques des États du continent. Il devait également triompher dans l'ordre international, en tant qu'il impliquait au profit des nations, c'est-à-dire des groupes sociaux conscients d'eux-mêmes, le droit de choisir la formation politique dans laquelle elles entendaient réaliser leur fin.

Le congrès de Vienne avait prétendu régler sur des bases définitives, en la faisant rentrer dans le principe de légitimité, l'organisation territoriale de l'Europe. Or il se trouve que le principe des nationalités, — ce corollaire détaché du principe de la souveraineté nationale et transformé en un principe distinct, — en a singulièrement bouleversé l'économie. Commencé avec l'affranchissement de la Grèce, le mouvement d'émancipation des groupes sociaux, que des causes politiques avaient rattachés à des formations contraires à leurs sympathies, s'est continué par l'affranchissement de la Belgique et l'unification de l'Italie. Il a recommencé dans la péninsule des Balkans. Les puissances alliées avaient cru pouvoir étendre le principe de légitimité aux rapports des États européens et de leurs colonies d'Amérique. Sur ce terrain encore, il devait échouer. Le mouvement d'émancipation, qui avait débuté au siècle dernier par l'indépendance des États-Unis, a repris, au commencement du siècle, pour aboutir à couvrir le Nouveau Monde d'une série d'États indépendants. Je ne vais pas jusqu'à dire, avec une certaine école, que le principe des nationalités, ce dérivé du principe de la souveraineté nationale, est devenu le fondement du droit des gens moderne. Je constate qu'il a été, et qu'il reste, une des forces agissantes qui ont le plus d'influence sur la composition de la communauté internationale.

59. — La Révolution française peut donc être considérée, à raison des idées qu'elle a introduites dans l'ordre international, comme le point de départ d'un progrès qui, un instant paralysé par les luttes du premier Empire, n'a fait que s'accentuer dans le courant de ce siècle (1). Si le XVIe siècle a créé le droit des gens, on peut dire du XIXe siècle qu'il l'a renouvelé (2). Un cours de droit international n'est en somme que la démonstration, matière par matière, de cette vérité. Pour l'instant, je ne veux que résumer, en les groupant, ce que j'appellerai les caractéristiques de ce progrès du droit des gens.

1° L'ancien régime avait accentué le contraste entre l'élément théorique et l'élément pratique du droit international. Le XIXe siècle tend à le faire disparaître, à faire pénétrer de plus en plus dans la pratique les principes rationnels dégagés par la théorie. Il a trouvé, dans le traité général, le procédé propre à réaliser cette adaptation. On peut dire que la plupart des grands événements de l'histoire contemporaine font également date dans l'histoire du droit international par la contribution qu'ils ont apportée à son amélioration.

Le congrès de Vienne de 1815, œuvre de réaction par certains de ses côtés, a été une œuvre de progrès par d'autres, en ce qu'il a jeté les bases du régime des fleuves internationaux, et reconnu implicitement l'égalité juridique des États par les règles qu'il a adoptées pour le classement des agents diplomatiques. L'émancipation de certains groupes européens, l'affranchissement des colonies américaines ont été la consécration du droit qui appartient aux groupes sociaux de déterminer la formation politique dans laquelle ils entendent réa-

(1) En faisant partir de la Révolution de 1789, et non pas, comme on l'enseigne généralement, du congrès de 1815, la dernière époque dans l'histoire du droit des gens depuis le XVIe siècle, je reviens à la division qui avait déjà été adoptée par Wheaton dans son *Histoire du progrès du droit des gens*.

(2) Brie, *Die Fortschritte des Vœlkerrechts seit dem Wiener Congress*, 1891 (R. D. I., XXII, p. 527).

liser leurs destinées. Les mesures prises contre la traite, de 1815 à 1890, ont été la reconnaissance de cette autre idée, comprise également dans la Déclaration des droits, que l'individu, comme homme, a des droits internationaux. Dans son application au continent africain, le mouvement d'expansion coloniale auquel nous assistons depuis vingt ans, a provoqué, en 1885, la fixation par voie d'accord international des règles de l'occupation.

Grâce à l'emploi de plus en plus fréquent de l'arbitrage comme mode de solution des conflits entre États, la guerre tend à se limiter à ce que je considère comme son minimum irréductible d'application, la violation du droit, lorsque cette violation atteint l'État dans ses intérêts vitaux. Elle s'est améliorée dans la manière dont elle se fait. Il s'est formé un droit de la guerre moderne qui est en progrès sensible sur celui de l'ancien régime. La plupart des grandes luttes qui ont eu lieu depuis le milieu du siècle, ont été l'occasion d'une amélioration ; les traités généraux en ont été le moyen. La guerre de Crimée a abouti à la déclaration de Paris (1856) qui introduit des réformes notables dans le droit de la guerre maritime. La guerre d'Italie a déterminé la réglementation, par voie conventionnelle, du sort des militaires blessés en campagne (1864) ; celle de 1866, la prohibition de l'usage de certains projectiles (déclaration de Pétersbourg de 1868). La guerre de Sécession, enfin, a provoqué, de la part de l'un des belligérants, la codification par voie de législation interne des droits et des devoirs des belligérants dans la guerre continentale, codification qu'on a essayé, en 1874, de transformer en codification internationale par voie de traité. Elle devait conduire, en outre, à préciser certaines des règles de la neutralité maritime, et fournir un exemple mémorable de l'application de l'arbitrage aux conflits entre États.

2° Le système des réunions pour le règlement en commun de questions d'intérêt général, cette manifestation tangible d'un rapport de société entre États, dont nous avons trouvé le premier exemple de 1644 à 1648, repris en 1815, s'est considérablement développé dans le courant de ce siècle. On a pu même dire qu'il constituait une sorte d'organisation de la communauté internationale. A côté des congrès, limités au règlement des questions politiques, sont apparues ce que j'appellerai les réunions d'affaires ou conférences. Plus étendues et quant aux États qui y prennent part et quant aux objets qui y sont traités, elles ont permis d'introduire une réglementation uniforme dans certaines matières et dans certains services d'intérêt international.

3° On voit en effet s'affirmer de plus en plus, chez les membres de la communauté internationale, le sentiment qu'ils ont besoin les uns des autres, non seulement pour la satisfaction de leurs intérêts matériels, mais encore pour la réalisation de quelques-uns des services généraux dont ils sont chargés. Cet instinct de solidarité se traduit par un emploi de plus en plus fréquent, de plus en plus varié, du traité en tant que contrat du droit des gens. Les États ont compris que le fait de faire partie d'une communauté impliquait, de la part de ses membres, des concessions réciproques dans l'exercice de leur souveraineté (1) ; qu'il y avait des intérêts privés qui avaient besoin d'une protection commune, certains services généraux qui avaient besoin d'une réglementation uniforme. Le procédé des conférences, combiné avec le procédé du traité général à nombre illimité de contractants, leur a permis d'atteindre ce résultat, par la création d'Unions universelles postales, télégraphiques, d'Unions pour la protection de la propriété littéraire, artistique et industrielle. Ces Unions auxquelles correspondent de véritables organismes internationaux (2), ont abouti à cette conséquence significative de fondre

(1) Bulmerincq, *op. cit.*, § 27 ; Rivier, *op. cit.*, p. 175.

(2) Moynier, *Les bureaux internationaux des Unions universelles* (Cf. R. D. I, 1892, p. 334). On retrouve le même procédé du traité général, appliqué à l'unification internationale du système métrique (conv. du 20 mai 1875), à l'adoption de mesures contre le phylloxéra (conv. du 3 nov. 1881, et déclaration du 15 avril 1889), à la protection des câbles sous marins (conv. du 14 mars 1884). Une convention récente du 14 octobre 1890 (*Arch. diplom.*, 1893, I, p. 5), tend à créer, entre les Etats continentaux de l'Europe, une sorte d'Union pour le transport des marchandises par chemin de fer. Cf., sur cette convention, Leyen, *Das Berner internationale Uebereinkom-*

les territoires des divers États qui y ont adhéré en un territoire unique, soumis à un même régime de législation et d'administration, partant, de créer, à côté des législations privées internes, une législation privée internationale, à côté du droit administratif interne, un *droit administratif international* (1). De sorte qu'on peut dire que, tandis que le particularisme était la note des sociétés antiques, de nos jours, la note dominante c'est, en forgeant un mot nouveau pour résumer des idées nouvelles, l'internationalité (2).

II. — Domaine géographique du droit des gens. (3).

60. — Le droit des gens étant le droit qui régit la société des États, il existe une corrélation étroite entre son domaine géographique et la composition de cette société. Or il se trouve que c'est là le côté de la communauté internationale, où l'œuvre de laïcisation devait mettre le plus de temps à s'achever. Le traité de Westphalie, en plaçant, malgré les protestations du Saint-Siège, les États protestants sur le même pied que les États catholiques, avait bien opéré, dans la composition de la communauté internationale, un commencement de sécularisation, substitué à la notion étroite de la communauté des puissances catholiques la notion plus large de la

men über den Eisenbahnfrachtverkehr (*Zeits. f. das gesammte Handelsrecht*, t. 39, 1891, p. 2-126).

(1) L'expression est de Stein (*Jahrbuch für Gesetzgebung*, 1882, VI, p. 395 et s.). Cf., sur cette expression qui a été reprise par F. de Martens, R. D. I., XIV, p. 445, XV, p. 631, et un article de Gessner, *Le Droit administratif international*, R. D. I., XVIII, p. 329 et s. C'est à ce droit conventionnel, établi par les traités, produit des concessions que les Etats croient devoir faire aux intérêts généraux de la communauté internationale dont ils sont membres, que Stein propose de réserver la dénomination de droit international. A côté du droit des gens qui date du XVIe siècle, le XIXe siècle aurait développé un droit nouveau, le droit international. Cf. Heffter-Geffken, *op. cit.*, § 2, note 1.

(2) Le mot est de Rivier, *Lehrbuch*, p. 30. On le trouve dans Bluntschli, *La Politique*, mais dans un autre sens.

(3) Holtzendorff, *op. cit.*, §§ 4, 5 ; Heffter-Geffcken, *op. cit.*, § 7 ; Gareis, *op. cit.*, § 10 ; Rivier, *op. cit.*, § 1, II ; Martens, *op. cit.*, I, § 41 ; Renault, *op. cit.*, n°s 16-18 ; Chauveau, *op. cit.*, n°s 38-41.

communauté des États chrétiens. D'autre part, le mouvement d'émancipation qui avait commencé à la fin du siècle dernier, et qui devait aboutir à la transformation des colonies anglo-espagnoles de l'Amérique en États indépendants, avait eu cet effet d'introduire dans la société des États des éléments nouveaux. De l'Europe où le droit des gens avait pris naissance, son domaine s'était étendu au Nouveau Monde.

Toujours est-il, cependant, qu'il restait comme un dernier vestige des circonstances dans lesquelles s'était formée, au moyen âge, la notion d'une société d'États dans ce fait, que le cadre de la communauté internationale ne dépassait pas le cercle des États chrétiens (*christianus orbis*), que c'était aux relations des États chrétiens que se trouvait limité le domaine du droit des gens. Ce dernier vestige était en contradiction trop manifeste avec la transformation qui s'était opérée, au XVIe siècle, dans le fondement de la communauté internationale, pour ne pas finir, malgré l'essai de réaction de la Sainte Alliance (1), par disparaître. Le traité de Paris du 30 mars 1856 en déclarant la Turquie « admise à participer aux avantages du droit public et du concert européens » (art. 7), l'attitude adoptée dans ces quarante dernières années par les États européens à l'égard des États de l'Extrême-Orient, sont autant d'indices du changement qui s'est fait dans la manière de comprendre la composition de la communauté internationale.

J'y vois la réalisation de cette conception qu'avait entrevue le XVIe siècle (2), à savoir que la qualité de membre de cette communauté est, pour les groupes sociaux, indépendante de la religion qu'ils pratiquent, que ce n'est plus dans l'identité de confession religieuse qu'il faut chercher le critérium d'applicabilité du droit des gens. Le travail de laïcisation qui avait d'abord porté sur le fondement, la forme, les sources du droit de la communauté internationale, a fini par s'étendre aux éléments dont elle se compose. On peut dire du XIXe siècle qu'à ce point de vue, il a terminé l'évolution que le XVIe siècle avait commencée.

(1) *Suprà*, p. 89.
(2) *Suprà*, p. 77, n. 2, p. 79, n. 1.

61.— Devons-nous en conclure qu'il faille considérer le droit international comme s'appliquant indistinctement et dans la même mesure à tous les groupes sociaux répandus sur la surface du globe, par cela seul qu'ils se présentent sous la forme de groupes organisés? On l'a soutenu. On a prétendu que le domaine du droit international n'est autre que le domaine de l'humanité elle-même (1). Il faut s'entendre. Si l'on veut dire par là que, en quelque endroit que l'individu se trouve, les droits naturels dont il est investi comme homme sont sous la sauvegarde du droit international, la formule est exacte. Elle cesse de l'être, si, la transportant aux groupes sociaux, on prétend lui faire exprimer que l'application du droit des gens est indépendante de la forme et du degré de développement de leurs organismes politiques. Le droit international étant par définition le droit qui régit la société des États, il au t, pour qu'un groupe social rentre dans son domaine, que fson organisme politique réunisse les caractères constitutifs de l'État. De là, une première élimination : sont en dehors de la communauté internationale et, partant, du domaine du droit des gens, les groupes sociaux dont on ne peut pas dire, à raison de la forme rudimentaire de leur organisation politique, qu'ils constituent des États.

Restent les groupes sociaux qui présentent le caractère d'États. Dans l'état actuel de laïcité du droit international, étant donnée l'évolution qui s'est faite dans la manière de comprendre la composition de la communauté internationale, ils doivent être considérés comme faisant partie de la société des États, comme rentrant dans le domaine du droit des gens. Ce qui ne veut pas dire qu'il leur sera applicable dans la même mesure. Il ne faut pas oublier que le droit international suppose, chez ceux qu'il régit, la conscience qu'il existe

(1) Bluntschli, *Droit international codifié*, r. 6-8. La thèse a été reprise par Hornung, *Civilisés et Barbares* (R. D. I., XVII, p. 5, p. 447, p. 539, XVIII, p. 188, 281), par Contuzzi (1880) qui définit le droit international *il diritto delle genti dell'umanita*, par Gareis, *op. cit.*, § 10, par Fiore, *Droit international codifié*, art. 10, par Chrétien, *Principes*, I, n° 9.

entre eux un *commercium juris præbendi repetendique* (1), en d'autres termes, le sentiment d'une réciprocité dans l'observation des règles dont il se compose. Il faut également tenir compte de ce fait historique, c'est que le milieu dans lequel ce droit a pris naissance est celui des États de l'Europe occidentale (2), c'est-à-dire d'États dont les institutions, malgré des divergences de détail, présentent un même fond de conceptions communes, parce qu'elles procèdent de la même civilisation. C'est parce que les États de l'Amérique avaient la même civilisation que les États européens dont ils étaient issus, que leurs institutions étaient semblables, qu'on a pu leur transporter en bloc les règles du droit qui s'était formé dans les rapports de ces derniers. Mais il ne peut plus en être de même, lorsqu'il s'agit d'en faire l'application à des États dont les institutions procèdent de civilisations entièrement différentes, comme les États musulmans et ceux de l'Extrême-Orient. De là, une nouvelle restriction que je formule en ces termes : si le fait qu'un État appartient à une civilisation autre que la civilisation européenne n'est pas une raison pour l'exclure du domaine du droit international, il peut être du moins une raison pour modifier la mesure de son application (3).

(1) Heffter-Geffcken, *op. cit.*, p. 22.

(2) C'est en cela, en le considérant au point de vue de ses origines, qu'on peut dire du droit international qu'il est européen. Le considère-t-on au point de vue de son domaine géographique, l'expression « droit des gens européen » que, d'après une tradition qui remonte au XVIIIe siècle (Rivier, *Lehrbuch*, p. 5, note 2), certains auteurs modernes ont cru devoir garder dans l'intitulé de leurs ouvrages, n'a jamais été exacte, pas plus que la variante « droit public européen » dont s'est servi le traité de Paris. Elle ne l'était pas avant 1856, puisqu'il y avait un Etat de l'Europe, la Turquie, qui était en dehors de la sphère d'application du droit des gens. Elle ne l'est pas davantage aujourd'hui, puisque son domaine se trouve comprendre l'Amérique et certaines parties de l'Asie et de l'Afrique. Je n'aime pas non plus la dénomination de « droit international public européen et américain » (Calvo, Pradier-Fodéré), attendu qu'elle ne tient pas compte des conséquences qu'a eues, à l'égard des États orientaux, la laïcisation qui s'est faite dans le domaine du droit des gens. Le mieux, c'est donc de parler de droit des gens tout court.

(3) Entre cette conception qui ne tient compte de la différence de civilisation que pour la mesure d'application du droit des gens, et l'ancienne

62. — Combinant ces diverses propositions, voici comment je classe, au point de vue de l'application du droit international, les divers groupes sociaux disséminés sur la surface du globe (1).

1° Groupes sociaux qui présentent le double caractère d'être des Etats organisés et à civilisation européenne. Ils constituent ce que j'appellerai le domaine de plein exercice du droit international. Tel est le cas des États chrétiens de l'Europe et des États extra-européens qui sont nés de leurs colonies, comme les États du Nouveau Monde.

2° Groupes sociaux qui, s'ils sont des États organisés, appartiennent du moins à des civilisations autres que la civilisation européenne. Ils font partie de la communauté internationale. Ils sont des sujets du droit des gens. Le droit international leur est applicable, mais dans une mesure variable. Ces groupes constituent ce que j'appellerai le domaine d'exercice restreint du droit international : d'une part, ils ne peuvent s'en prévaloir que dans la mesure où eux-mêmes l'observent (2), et d'autre part, ses règles ne leur sont applicables qu'autant qu'elles ne supposent pas analogie dans les institutions. Tel est le cas pour la Turquie (3), pour certains États de

conception qui ne faisait rentrer dans son domaine que les Etats chrétiens, la différence n'en est pas moins considérable. Il dépend en effet des Etats à civilisation non européenne de faire disparaître, soit par des réformes dans leurs institutions, soit par la reconnaissance complète du principe de réciprocité, l'obstacle qui s'oppose à ce que le droit des gens leur soit appliqué dans la même mesure qu'aux Etats européens. Il ne tient qu'à eux de passer, de ce que je vais appeler le domaine d'exercice restreint du droit international, dans le domaine de plein exercice.

(1) Ce classement ne diffère pas sensiblement de celui qui a été proposé par Lorimer et qui est accepté par Rolin-Jaequemyns (R. D. I., XVIII, p. 50 et s.). Le groupement de Holtzendorff, *op. cit.*, § 5, est plus compliqué.

(2) En fait, c'est là une restriction dont, parfois, les États européens consentent à ne pas se prévaloir. C'est ainsi que nous les verrons, en matière d'institution de consuls et d'admission des étrangers, faire aux États orientaux un traitement que ceux-ci ne leur accordent pas dans la même mesure.

(3) Je pense avec F. de Martens, *op. cit.*, I, p. 240, et contrairement à l'opinion générale, que l'article 7 du traité de Paris n'a eu pour objet que de

l'Afrique, pour la Chine (1), et les autres États d'Orient (2).

3° Groupes sociaux qui ne présentent pas les caractères constitutifs de l'État, et dont on ne peut pas dire qu'ils ont une civilisation. Ils ne sont pas des sujets du droit des gens. Ils ne font pas partie de la communauté internationale. Ils sont en dehors du domaine du droit des gens. Leur territoire est, on le verra, une *res nullius* qui peut être l'objet, de la part des États civilisés, d'une acquisition par voie d'occupation (3). Tel est le cas des peuplades barbares du continent africain et des îles du Pacifique.

A supposer que des membres de la communauté interna-

poser le principe de l'application du droit des gens à la Turquie, et nullement de régler la mesure de cette application.

(1) Sur le mouvement des idées en matière internationale en Chine, *La Chine et le droit international* (R. D. I., XIV, p. 242 et s., XVII, p. 504 et s.). Cf. R. D. I., XXI, p. 108.

(2) La question de savoir quelle est, au point de vue du domaine du droit des gens, la situation des États à civilisation non européenne, est une question sur laquelle on est loin de s'entendre. L'Institut de droit international s'en est occupé, à différentes reprises, à propos de l'applicabilité du « droit des gens européen » aux États orientaux, mais sans conclure (*Annuaire*, *passim*. V. notamment le rapport de Field, R. D. I., VII, p. 659 et s.). Martens, *op. cit.*, I, p. 238-242, p. 310 et R. D. I., XI, p. 234 et s., Holtzendorff, *loc. cit.*, Heffter-Geffcken, *loc. cit.*, Rivier, *op. cit.*, p. 4, 5, 26, 27, 86, arrivent à une solution analogue à celle que j'ai indiquée, mais par une voie différente. Ils enseignent que, à raison des circonstances dans lesquelles elle s'est formée, la communauté internationale ne comprend que les États à civilisation européenne. Ils reconnaissent toutefois que cette société n'est pas une société fermée ; elle peut s'ouvrir aux États à civilisation non européenne, soit que les tendances de leur civilisation ne soient pas en contradiction avec les idées sur lesquelles elle repose, soit qu'ils y soient admis par la volonté des États qui en font partie. Cette admission qui se produit sous la forme d'une reconnaissance par traités, présente le double caractère d'être facultative, et d'être, au point de vue de l'application ultérieure du droit des gens, à effet limité. Telle est, notamment, la situation faite aux États de l'Extrême-Orient ; ils ne rentreraient dans le domaine du droit des gens qu'au regard des États qui, par des traités, leur ont reconnu la qualité de membres de la communauté internationale ; ils n'y rentreraient pas au regard des autres. A mon sens, au contraire, ces traités sont simplement déclaratifs de l'évolution qui s'est faite dans la manière de comprendre la composition de la communauté internationale et le domaine du droit des gens.

(3) Rapport de M. de Martitz à l'Institut de droit international (*Annuaire*, IX, p. 247).

tionale viennent à entrer en relations avec eux, comment les régler? Il faut, à mon sens, tenir compte de la double proposition que voici : 1° ces groupes tombent-ils sous la domination d'un État civilisé, ce dernier doit les respecter dans la mesure où les individus comme hommes ont des droits naturels protégés par le droit international, donc dans leur existence, leurs biens, leur religion pour autant du moins qu'elle n'autorise pas des pratiques contraires à l'humanité (1). 2° Entrent-ils en contact avec un membre de la communauté internationale, celui-ci devra se conformer, dans la mesure où les circonstances le permettent et sans que cela constitue pour lui une obligation juridique, aux règles de conduite que les États civilisés suivent dans leurs relations entre eux (2).

(1) Odieusement méconnue à l'égard des tribus indiennes du Nouveau Monde par les Espagnols d'abord, par les colons anglais et les Etats-Unis ensuite (Reclus, *Nouvelle géographie universelle*, XVI, p. 679-688), cette idée, que des publicistes du XVIe siècle avaient cependant entrevue (Nys, *Les publicistes espagnols du XVIe siècle et les droits des Indiens*, R. D. I., XXI, p. 532 et s.), a fini par passer de la théorie dans la pratique : elle a été consacrée, pour le continent africain, par l'article 6 de l'acte de Berlin de 1885. Je dois reconnaître qu'il y a, parfois, un tel antagonisme entre les habitudes économiques des Etats civilisés et celles des tribus barbares, que l'application de la proposition, en tant qu'elle implique le respect des biens, deviendra singulièrement délicate. Nous en avons un exemple dans ce qui se passe aux Etats-Unis. Les Etats-Unis avaient fini par garantir, à ce qui reste des tribus indiennes, des territoires d'assez grande étendue pour leur permettre de conserver leurs habitudes de peuples chasseurs (territoires réservés, *reservations*). Le gouvernement fédéral s'est vu amené, par suite du développement de l'émigration, tantôt à déplacer ces réserves, tantôt à les exproprier en partie en substituant à un régime de propriété collective un régime de propriété individuelle. On trouvera sur ce mouvement législatif, dont le document le plus important est la loi du 8 février 1887, des renseignements dans l'*Annuaire de législation étrangère*, 1885, p. 589 ; 1886, p. 743 ; 1887, p. 833, 835 ; 1888, p. 912-914 ; 1889, p. 886, 887 ; 1890, p. 792, 793. Cf. Reclus, *op. cit.*, p. 484, et s.

(2) C'est dans ces termes et avec cette réserve, que je comprends une réponse affirmative à cette question que s'était posée, en 1879, l'Association britannique pour l'avancement des sciences : « Est-ce un devoir pour les nations civilisées d'observer vis-à-vis des barbares des procédés que ces races ignorent ou méconnaissent? » D'après une opinion très répandue en Allemagne (*Handbuch*, I, § 17, II, p. 585, 586), il y a, distincte du droit des gens, une morale internationale; et c'est sur les bases de cette morale internationale, dont le domaine est plus vaste que celui du droit des gens,

Je dis : dans la mesure où les circonstances le permettent. C'est qu'en effet, dans cette adaptation des règles du droit des gens à des groupes qui sont en dehors de son domaine, les États civilisés jouissent d'une sorte de pouvoir discrétionnaire qui se traduira, tantôt par une rigueur plus grande dans les pratiques de la guerre, tantôt par un emploi plus fréquent et plus immédiat des moyens de contrainte, afin d'obtenir par la crainte ce qu'on ne peut demander au sentiment juridique de produire (1).

que devraient être réglés les rapports entre États civilisés et groupes barbares. Ce que je ne puis par contre admettre, c'est que, comme certains auteurs (Renault, *op. cit.*, p. 20, Martens dans R. D. I., XI, p. 240), on fasse intervenir le droit des gens naturel : il résulte en effet de ce que nous savons de l'élément naturel du droit des gens (*suprà*, nos 7-10), que c'est dans la même sphère que l'élément positif qu'il se meut ; leur domaine est le même.

(1) Gareis, *op. cit.*, p. 36.

IV

I. — De la science du droit international (1).

63. — L'étude du droit international a donné naissance, dans l'ensemble de la science juridique, à une branche spéciale, la science du droit des gens. Les ouvrages qu'elle inspire forment, dans l'ensemble de la bibliographie juridique, un compartiment à part, la littérature du droit des gens.

Je définis la science du droit des gens : l'étude des règles qui constituent l'élément positif du droit international, avec appréciation de ces règles au point de vue du droit théorique. Pour peu qu'on presse cette définition, on voit qu'on peut décomposer en une triple série d'opérations la tâche que poursuit la science du droit international : 1° dégager de leurs sources les règles du droit des gens positif, les exposer d'une manière méthodique, déduire les conséquences qu'elles renferment et les applications qu'elles comportent ; 2° les étudier dans leur genèse historique, en tant qu'elles sont le produit de la coutume, ou le résultat d'une réaction contre des pratiques antérieures ; 3° les apprécier, donc montrer les défectuosités qu'elles présentent, de quelles réformes elles sont susceptibles. Par là, la science se trouve amenée à se poser le problème de la réglementation théorique des rapports entre États et à étudier, parallèlement à l'élément positif du droit des gens, son élément naturel.

En un mot, le jurisconsulte qui fait du droit international l'objet de ses travaux, doit se préoccuper et de *ce qui a été*, et de *ce qui est* et de *ce qui doit être*. Il lui faut, correspondant à ce triple ordre de recherches, une triple qualité (2). Il lui faut le sens historique pour étudier *ce qui a été* : en matière

(1) Holtzendorff, *op. cit.*, § 13 ; Martens, *op. cit.*, I, § 39 ; Rivier, *op. cit.*, § 4, I.
(2) Rolin-Jæquemyns, R. D. I., 1869, I, p. 225.

internationale, l'histoire est plus qu'un simple auxiliaire, elle est la trame même sur laquelle se forme le droit des gens (1). Il lui faut le sens juridique pour exposer, dans un ordre méthodique et d'après des procédés d'interprétation analogues à ceux qui sont employés pour la législation interne, *ce qui est* (2). Il lui faut, enfin, le sens critique et philosophique pour dégager *ce qui doit être.*

64. — On s'est demandé si l'on devait comprendre les écrits des auteurs (la science ou encore la doctrine) parmi les sources du droit des gens. Je ferais une distinction. S'agit-il de l'élément naturel du droit des gens, il a sa source dans la raison. Comme, toutefois, c'est la science qui se pose le problème de la réglementation rationnelle des rapports entre États et qui le résout, j'estime qu'on peut dire qu'elle est, dans un sens dérivé, en tant qu'organe de la conscience juridique, la source du droit théorique.

Il en va tout autrement, lorsqu'il s'agit de l'élément pratique du droit des gens. On a bien prétendu ranger les écrits des jurisconsultes parmi les sources du droit positif (3). C'est là une erreur que j'ai déjà eu l'occasion de signaler (4). Le droit des gens positif a sa source dans la volonté des États. C'est la volonté des États qui, dans des conditions que nous connaissons, « déclare », produit les règles dont il se compose. Les jurisconsultes qui ne sont pas les États, qui n'en sont même pas les organes, dont l'activité est une activité privée, n'ont donc aucune qualité pour qu'on puisse voir dans leurs écrits une source, c'est-à-dire une cause génératrice du droit positif. Que font-ils d'ailleurs ? Ils exposent, en les dégageant des sources d'où elles dérivent, les règles du droit positif ; les règles exprimées, ils déduisent les conséquences qu'elles

(1) Bulmerincq, *op. cit.*, § 8, qualifie le droit des gens de *rechtshistorische Disziplin.*

(2) Comme le fait remarquer judicieusement Rivier, *op. cit.*, p. 39, n. 3, c'est l'absence de sens juridique chez nombre de publicistes qui a nui à l'étude du droit des gens.

(3) Gareis, *op. cit.*, p. 33. M. Renault, *op. cit.*, p. 48, place les écrits des jurisconsultes sur la même ligne que la coutume et les traités.

(4) *Suprà*, p. 22, note.

renferment. Dans le second cas, il est évident qu'ils ne font pas plus œuvre de créateurs du droit qu'ils ne le font, lorsque, commentant un texte de législation interne, ils montrent quelles sont les diverses applications dont il est susceptible ; ils font office d'interprètes au sens propre du mot. On ne peut pas davantage dire d'eux qu'ils jouent le rôle de source du droit dans le premier cas. Ils recherchent quelles sont les règles auxquelles la volonté des États a donné la valeur de préceptes positifs, dont la volonté des États a entendu faire le droit qui doit les régir. Donc, ils ne créent pas, ils constatent. Suivant la remarque de Grotius (1), ils n'apportent qu'un témoignage. Leurs écrits n'ont que la valeur d'instruments documentaires. Encore, comme les jurisconsultes ne sont pas des organes des États, que leurs écrits ne sont pas des actes des États, qu'on ne peut y chercher l'expression immédiate de la volonté des États, doit-on n'y voir que des instruments documentaires indirects.

65. —Ce qui n'empêche, cependant, que l'élément positif du droit international est une branche du droit où l'influence du jurisconsulte est considérable, son rôle, particulièrement utile. D'une part en effet, il ne faut pas oublier que le droit des gens pratique n'est pas codifié, que la plupart de ses règles, ayant une origine coutumière, ne sont même pas fixées par écrit. Le jurisconsulte prend par suite l'importance qu'il a, toutes les fois qu'on est en présence d'un droit non écrit, d'une législation non codifiée. Sa tâche se trouve alors comprendre une opération qui ne s'y rencontre pas, lorsque le droit sur lequel il travaille est un droit écrit, consigné dans des textes officiels.

Lorsque le jurisconsulte se trouve en présence d'une législation écrite, il n'a qu'à en expliquer les règles, à en déduire les conséquences, les applications pratiques : c'est à ce travail d'interprétation au sens restreint du mot que son activité se borne. Lorsqu'il s'agit de l'élément pratique du droit des gens, le rôle du jurisconsulte comporte bien, on l'a vu,

(1) *Suprà*, p. 26, note 2.

cette œuvre d'interprétation. Mais, au préalable, il y a un travail préliminaire auquel il doit se livrer. Avant de commenter le droit, il doit le rechercher, c'est-à-dire dégager de leurs sources les règles dont il se compose. C'est là le côté de son rôle qui lui vaut une importance particulière. Il lui appartient en effet, en exprimant dans une formule précise les résultats de ses recherches, en exposant d'une manière méthodique ce qu'il croit être les règles du droit des gens positif, de remédier dans une certaine mesure aux inconvénients que présente l'absence de codification officielle.

D'autre part, on ne peut nier l'action que la doctrine exerce sur le progrès de l'élément positif du droit des gens. C'est elle qui signale les réformes à réaliser, détermine en leur faveur les courants d'opinion, provoque par ses critiques l'intervention des hommes d'État et des diplomates, et se trouve, en fin de compte, avoir la plus large part au mouvement qui tend à faire pénétrer, au moyen des traités, dans l'élément pratique du droit des gens, les solutions rationnelles élaborées dans sa partie théorique.

II. — Histoire de la science du droit des gens (1).

66. — Il va de soi que c'est seulement du jour où les règles à objet international se sont transformées en un droit international, en devenant les manifestations d'un ordre juridique qui doit régner dans une société d'États, qu'une science du droit des gens a pu se former. On constate bien, à partir du XIIIe siècle, les commencements d'une littérature du droit des gens (2). C'est là toutefois une littérature qui se

(1) Rivier, dans le premier volume du *Handbuch* de Holtzendorff, §§ 85-123, mais surtout l'excellent résumé qu'il en a donné dans son *Lehrbuch*, § 4 ; Martens, *op. cit.*, I, §§ 34-38 ; Heffter-Geffcken, *op. cit.*, § 10.

(2) J'ai déjà signalé la formation, au XIIIe siècle, de ce que j'ai appelé l'école canonico-internationaliste (*suprà*, p. 74 et note 1). De leur côté, des civilistes du XIVe et du XVe siècle ont écrit des dissertations sur certains phénomènes internationaux, guerre, ambassade, alliances. Au XVIe siècle, cette littérature augmente. Elle garde encore un caractère fragmentaire, bien qu'on y trouve la trace de l'évolution qui se fait dans la manière de comprendre les règles à objet international. D'autre part, le cercle des sujets traités

ressent du caractère qu'avaient encore, à l'époque, les règles à objet international ; de ce fait, que ces règles n'avaient pas encore leur synthèse dans la notion d'un droit régissant une communauté d'États. Elle a un caractère fragmentaire. Elle ne porte que sur l'étude de tel ou tel phénomène international. On n'y trouve pas d'œuvre d'ensemble. Il faut, pour voir apparaître une science du droit des gens, descendre jusqu'au XVIIe siècle. C'est à un Hollandais, Hugues Cornets de Groot, plus connu sous son nom latinisé de Hugo Grotius, que revient le mérite de l'avoir créée, et d'avoir le premier déduit, sur le terrain doctrinal et sous la forme d'une systématisation, les conséquences de la transformation qui s'était opérée, au XVIe siècle, dans la manière de comprendre les règles à objet international.

67. — Né à Delft, le 10 avril 1583, surnommé dès l'âge de 15 ans « le prodige de la Hollande », jurisconsulte, philologue, historien, homme d'État, Grotius avait déjà préludé par quelques monographies sur des matières spéciales (1), quand il écrivit le traité qui devait mettre le sceau à sa réputation, faire de lui « le fondateur de la science du droit international ». C'est à Paris, où il s'était réfugié après s'être évadé de la forteresse de Lœvenstein (2), que, sur le conseil et

s'agrandit : aux matières traditionnelles de la guerre, des ambassades, des alliances s'ajoutent des matières nouvelles comme la condition de la mer, le rang des États. Dans cette école du XVIe siècle, deux noms méritent d'être signalés : le jésuite espagnol, François Suarez (1548-1617), et l'italien Albéric Gentil (1552-1608) que ses opinions calvinistes obligèrent à émigrer en Angleterre, où il professa à Oxford. J'ai déjà cité le *De Legibus* du premier : je citerai du second ses *De Legationibus libri tres* (1583) et ses *De jure belli libri tres* (1589, réédité par Holland, Oxford, 1877. Cf. R. D.I., VII, 321, VIII, 690, X, 682). L'un et l'autre ont eu la notion très nette des idées maitresses sur lesquelles repose le droit des gens. On a pu dire d'eux qu'ils étaient les « précurseurs » de Grotius. Cf. Rivier, *Note sur la littérature du droit des gens avant la publication du Jus belli ac pacis de Grotius*, 1883, et le résumé qu'il en a donné dans le *Handbuch*, § 85.

(1) Le *De jure prædæ*, écrit en 1604-1605, qui ne fut édité qu'en 1868 (R. D. I., VII, p. 695) mais dont un chapitre détaché avait été publié, en 1609, sous le titre de *Mare liberum seu de jure quod Batavis competit ad Indica commercia.*

(2) Grotius avait été condamné à la réclusion perpétuelle, pour ses opinions religieuses, à la suite du synode de Dordrecht (1618).

grâce à l'appui d'un des esprits les plus éminents de la première moitié du XVIIe siècle, le savant conseiller au parlement d'Aix, Fabri de Peiresc, il composa son *De jure belli ac pacis* (1).

Le livre qui parut en 1625 était dédié à Louis XIII. Il est peu d'ouvrages qui aient exercé une influence aussi profonde, qui aient eu un succès aussi considérable. De 1625 à 1758 on ne compte pas moins de 45 éditions latines. On ne se contenta pas de la traduire dans la plupart des langues de l'Europe (2), on l'enseigna dans les universités. On en fit des abrégés (*enchiridium Grotianum*), on le commenta (3).

Grotius mourut à Rostock le 28 août 1645 (4).

68. — Etudié en lui-même, le *De jure belli ac pacis* présente les deux traits caractéristiques que voici :

1° Il est le premier exemple d'un traité où le droit international ait été exposé dans son ensemble et d'après un ordre méthodique (*universim ac certo ordine*). En cela, il fait date dans l'histoire de la science du droit des gens (5).

(1) *De jure belli ac pacis libri tres, in quibus jus naturæ et gentium, item juris publici præcipua explicantur*. Dans le livre premier, Grotius examine ce que c'est que la guerre et qui a le *jus bellandi*. Dans le livre second, il s'occupe des causes de la guerre ; ce qui l'amène à traiter de l'ensemble des phénomènes internationaux. Le livre troisième est consacré plus particulièrement à l'exposé du droit de la guerre. Quant à cette dénomination de *Jus belli ac pacis* que Grotius emprunte à la terminologie romaine (*suprà*, p. 55) et dont il se sert pour désigner l'ensemble du droit qui régit la société des États, il lui arrivait ce qui était arrivé pour l'expression de *Jus gentium* : elle prenait une signification toute différente de celle que les Romains lui attachaient.

(2) Je citerai comme traductions françaises : la traduction ancienne avec notes de Jean Barbeyrac (1724), plusieurs fois réimprimée, et surtout la traduction nouvelle avec notes donnée, en 1867, par Pradier-Fodéré, 3 vol.

(3) Holtzendorff-Rivier, *op. cit.*, § 88.

(4) Sur les circonstances de sa mort, R. D. I., XIX, p. 97-101. On trouvera une biographie de Grotius en tête de la traduction de Pradier-Fodéré.

(5) *Jus illud quod, inter populos plures aut populorum rectores intercedit, sive ab ipsa natura profectum,.... sive moribus et pacto tacito introductum, attigerunt pauci, universim ac certo ordine tractavit hactenus nemo* (Proleg, § 1). Sans doute le plan laisse à désirer. Il se ressent des circonstances dans lesquelles l'ouvrage a été composé. Grotius avait d'abord songé à n'écrire qu'une monographie sur le droit de la guerre, et à

2° Il fait date également au point de vue de la méthode. Reprenant des idées qu'on trouve déjà chez des auteurs de la fin du XVIe siècle, notamment chez Suarez, Grotius décompose le droit international en un double élément naturel et positif (1). Comprenons bien, toutefois, ce que Grotius entend par droit naturel, le rapport qu'il établit entre ces deux éléments du droit des gens. Le droit naturel n'est pas, à ses yeux, un simple droit théorique. Il constitue un droit qui est obligatoire pour les États, qui ne se distingue du droit positif que par les sources d'où il émane, les caractères qu'il présente. Il a sa source dans la raison (2). Il est l'application aux États de la loi naturelle qui régit les particuliers. Il a comme elle son fondement dans l'existence entre les États d'un rapport de société (3), et dans la nécessité de réaliser dans cette société un ordre juridique (4). Il tire de lui-même sa force obligatoire, il est un droit nécessaire, tandis que l'élément positif, tirant son existence de la volonté des États est un droit volontaire (*jus voluntarium*). Il est de plus un droit immuable (5). Des deux éléments dont se compose le droit international, c'est lui qui est l'élément principal ; l'élément positif n'est qu'un élément subsidiaire et subordonné. Etant toujours et partout semblable à lui-même, le droit naturel a sur l'élément volontaire, de nature essentiellement variable, l'avantage de se mieux prêter à une exposition

renvoyer à un ouvrage ultérieur l'exposé d'ensemble du droit des gens (lettre de Peiresc du 12 juillet 1624, R. D. I., 1892, XXIV, p. 546). Puis ayant été amené, au cours de son travail, à étudier, à propos des causes de la guerre, les différents phénomènes internationaux, ses idées se modifièrent. Et c'est ainsi que l'ouvrage qui, au début, n'avait dû être qu'une monographie *de jure belli* se trouva transformé, sans que d'ailleurs le cadre primitif eut été changé, en un traité *De jure belli ac pacis*, c'est-à-dire en un traité d'ensemble sur le droit des gens.

(1) V. la note précédente.

(2) *Jus naturale est dictatum rectæ rationis* (Lib. I, cap. 1, § 10).

(3) *Mutuam gentium inter se societatem* (Lib. II, cap. VIII, § 1).

(4) *Appetitus societatis, id est communitatis, non qualiscumque, sed tranquillæ et pro sui intellectus modo ordinatæ* (Proleg, § 6).

(5) *Est autem jus naturale adeo immutabile, ut ne a Deo quidem mutari queat* (Lib. I, cap. 1, § 10).

scientifique (1). Aussi bien, c'est de lui que Grotius a fait la trame de son ouvrage. Sur chaque matière, il commence par exposer les principes du droit naturel, puis les règles qui ont leur origine dans la volonté des États (2). Est-ce à dire qu'il leur refuse le caractère de préceptes juridiques, la valeur de règles de droit? Nullement. Elles constituent un droit positif, le droit des gens dans l'acception restreinte du mot, qui est à la societé des États ce que sont, dans l'intérieur d'un État déterminé, les lois positives internes aux citoyens qui le composent (3).

69. — On a pu dire de l'anglais Richard Zouch (1590-1660) qu'il était, après Grotius, le second fondateur de la science du droit des gens. L'ouvrage qui a valu au savant professeur d'Oxford (4) sa réputation, parut en 1650. Il était intitulé : *Juris et judicii fecialis, sive juris inter gentes, et quæstionum de eodem, explicatio qua, quæ ad pacem et bellum inter diversos principes aut populos spectant, ex præcipuis historico jure peritis exhibentur.* Le titre à lui seul mérite qu'on s'y arrête. L'expression *jus inter gentes* était une nouveauté, et l'on sait l'influence qu'elle a exercée sur la terminologie.

Zouch définit le droit des gens : l'ensemble des règles *quæ ad communionem, quæ inter diversos principes aut populos*

(1) *Nam naturalia cum semper eadem sint, facile possunt in artem colligi : illa autem quæ ex constituto veniunt, cum et mutentur sæpe et alibi alia sint, extra artem posita sunt, ut aliæ rerum singularium perceptiones* (Proleg. § 30).

(2) Par une contradiction curieuse, mais qu'explique ce sentiment assez général à l'époque qu'une règle n'a de valeur qu'à la condition d'avoir été connue des anciens (R. D. I., XIX, p. 18), c'est à l'antiquité que Grotius emprunte les exemples qu'il fait entrer dans la partie positive de son livre. Il y a chez lui un parti pris de ne pas se servir des faits de l'histoire contemporaine (Proleg. § 58). A ce point de vue, son œuvre est inférieure à quelques-uns des ouvrages qui ont été composés à peu près à la même époque, aux monographies d'Albéric Gentil, au traité de Zouch. Cf., sur d'autres critiques qu'on peut lui adresser, Holtzendorff-Rivier, *op. cit.*, § 87.

(3) *Sicut cujusque civitatis jura utilitatem suæ civitatis respiciunt, ita inter civitates aut omnes aut plerasque ex consensu jura quædam nasci potuerunt, et nata apparent, quæ utilitatem respicerent non cœtuum singulorum, sed magnæ illius universitatis. Et hoc jus est quod gentium dicitur, quoties id nomen a jure naturali distinguimus* (Proleg, § 17).

(4) Sur Zouch, Nys (R. D. I., XVII, 1885, p. 80).

intercedit, *conducunt*. Il le décompose en un double élément, naturel et positif. En cela, il procède de Grotius qu'il cite, d'ailleurs, à plusieurs reprises. Il s'en écarte, toutefois, et fait œuvre originale : 1° en ce qu'il distingue soigneusement les propositions qui sont généralement admises, *quæ sunt minus dubitati juris*, et dont il fait le *jus inter gentes*, des propositions qui sont matière à controverses, *quæ videntur juris controversi*, et dont il forme ce qu'il appelle le *judicium inter gentes*. 2° En ce qu'au lieu de demander exclusivement à l'antiquité les exemples dont il compose la partie positive de son livre, il les emprunte à l'occasion aux faits qui se déroulent de son temps. 3° Enfin, si Zouch distingue dans le droit des gens un élément naturel et un élément positif, il en renverse du moins l'importance. Ce n'est pas l'élément naturel, mais l'élément positif, basé sur les usages, qui, chez lui, occupe la première place. Cette tendance positive, dont on trouve déjà le germe dans les œuvres de son compatriote et contemporain Selden (1), allait exercer son influence bien au-delà des limites de l'école anglaise (2).

70. — Le mouvement scientifique auquel donne lieu l'étude du droit des gens ne devait faire désormais que grandir. On juge de ce progrès au développement de la littérature que cette branche du droit inspire, à l'importance qu'elle prend dans l'enseignement. Dès la seconde moitié du XVIIe siècle, en Hollande, en Allemagne, en Suède, en Angleterre, on lui fait sa place dans les universités, soit qu'on la rattache à l'étude du droit public, soit qu'on en fasse l'objet de chaires nouvelles qui prennent rang à côté des enseignements traditionnels (3).

(1) Selden (1584-1654) avait publié en 1635 son *Mare liberum* et en 1640 son *De jure naturali et gentium secundum disciplinam Ebræorum*. Cf. Holtzendorff-Rivier, *op. cit.*, § 89.

(2) Il faut, dans l'école anglaise, distinguer l'élément praticien de l'élément théoricien. C'est l'influence de Zouch qui se fait sentir dans le premier, tandis que c'est une influence toute différente, celle de Hobbes, qui domine dans l'autre. Cf. Holtzendorff-Rivier, *op. cit.*, §§ 89-91 ; Nys, *Note pour servir à l'histoire littéraire et dogmatique du droit international en Angleterre*, 1888.

(3) Il est à noter que, dans ce mouvement scientifique, la France n'a

71. — La science du droit des gens devait, d'ailleurs, osciller entre des directions différentes, avant d'arriver à la méthode dans laquelle elle s'est fixée de nos jours. Nous avons constaté, dans les ouvrages de ses deux fondateurs, à côté d'idées communes, l'existence de ce qu'on peut appeler des dominantes contraires. Chacune de ces dominantes allait devenir système, engendrer des écoles opposées dont l'une ne voudra voir dans la science du droit des gens qu'une spéculation abstraite, dans le droit des gens qu'une application de la loi naturelle aux rapports entre États, dont l'autre, par une exagération en sens contraire, ne gardera des deux éléments du droit des gens que l'élément positif, pour faire de son étude l'objet exclusif de la science du droit international. Au milieu de ces tendances extrêmes, la tradition de Grotius devait se maintenir ; renouvelée au XVIIIe siècle, elle retrouve un regain d'autorité. Puis, ce sont les philosophes qui, à leur tour, introduiront une note nouvelle : la réglementation des rapports entre États n'est pas un problème d'ordre juridique, mais un problème d'ordre philosophique qu'ils résolvent conformément aux tendances générales de leur philosophie. C'est, enfin, l'école moderne qui reprend la distinction d'un élément positif du droit des gens et d'un élément naturel, mais pour attribuer à ce dernier un sens, lui assigner un rôle différents de ceux que Grotius et son école lui avaient donnés.

72. — *L'École du droit naturel.* — Déjà l'anglais Thomas Hobbes (1588-1679), développant un germe qui se trouvait dans le livre de Grotius, avait enseigné que ce qu'on est convenu d'appeler le droit des gens n'est pas autre chose que la loi naturelle appliquée aux relations entre États (1).

joué qu'un rôle secondaire. Ce n'est qu'à la fin du XVIIIe siècle, que le droit des gens a commencé à prendre place dans l'enseignement par la création au collège royal, c'est-à-dire au collège de France, de la chaire du droit de la nature et des gens qui y a existé jusqu'en 1887 (lettres patentes de 1774). La France ne donne pas les directions, elle les reçoit. Cf. Nys, *Les théories politiques et le droit international en France jusqu'au XVIIIe siècle* (R. D. I., 1891, XXIII, p. 329 et s.).

(1) La loi naturelle se divise en *naturalem hominum quæ sola obtinuit dici lex naturæ, et naturalem civitatum, quæ dici potest lex gentium.*

Reprise par Samuel Pufendorf (1632-1694), la thèse allait devenir système. Dès 1660, il en énonçait les lignes principales dans ses *Elementa jurisprudentiæ universalis*. A Heidelberg où il occupa de 1661 à 1670 une chaire de droit naturel et de droit des gens créée à son intention, puis à Lund (Suède) où il avait été appelé en 1670, il en fait la matière de son enseignement. En 1672, il lui donnait sa forme systématique dans ses *Juris naturæ et gentium libri VIII*, œuvre capitale que lui-même résumait l'année suivante, en 1673, dans son *De officiis hominis et civis, prout ipsi præscribuntur lege naturali*. Le droit naturel, c'est-à-dire le droit nécessaire, immuable, que la raison déduit de la nature des choses, avait trouvé son théoricien ; l'école du droit naturel, son chef.

C'est à tort qu'on a prétendu opposer au droit naturel un droit des gens positif, né des coutumes et des traités. Que faut-il en effet pour qu'une règle impérative présente le caractère d'une règle juridique, pour qu'on puisse dire d'elle qu'elle est une disposition de droit positif ? Il faut qu'elle émane d'une autorité distincte de ceux qu'elle est appelée à régir et qui leur soit supérieure. Ce caractère, on ne le trouve ni dans les traités que les États contractent (2), ni dans les usages qu'ils observent (3). On ne peut donc pas dire qu'ils consti-

vulgo autem jus gentium appellatur. Præcepta utriusque eadem sunt (*Elementa philosophica de cive*, *Imperium*, cap. XIV, § 4, éd. 1669, in-12, p. 234).

(2) *Nos positivum aliquod jus gentium... negamus... Sed quod non nemo ad jus gentium quoque referre instituit peculiaria conventa duorum pluriumve populorum, foederibus et pacificationibus definiri solita, id nobis plane incongruum videtur. Etsi enim illis stare lex naturalis de servanda fide jubet, legum tamen et juris vocabulo valdè improprie veniunt. Et præterea infinita ac magna parte temporaria sunt. Quin nec magis partem juris constituunt, quam pacta singulorum civium inter se ad corpus juris civilis spectant* (*De jure naturæ*, lib. II, cap. III, § 23, *in fine*, éd. 1688, p. 158).

(3) *Solent sub nomine juris gentium venire illæ consuetudines inter plerasque gentes, saltem quæ cultiorum et humaniorum sibi famam vindicant, potissimum circa bellum tacito quodam consensu usurpari solitæ... Quæ si quis legitimum gerens bellum neglexerit, scilicet ubi per jus naturæ recte fieri possunt, nulli obligationi validæ contravenisse dici potest* (*Elementa*, § 25. Cf. *De jure naturæ*, lib. II, c. III, § 23).

tuent un droit des gens positif. D'autre part, il est incontestable qu'il faut une règle qui s'impose aux États et discipline leurs relations. En l'absence d'un droit positif, c'est dans le droit naturel qu'il faut l'aller chercher. Les États sont, en effet, des individualités morales auxquelles il faut transporter les règles du droit naturel qui régit les rapports des particuliers. C'est en ce sens, dans cette adaptation, qu'il peut être question d'un droit des gens. Le droit des gens ne doit pas être envisagé et étudié comme un droit distinct. Il n'est qu'un fragment de la loi naturelle, qu'une application des prescriptions du droit naturel à un ordre déterminé de relations (1). Si bien qu'en fin de compte, avec cette façon de comprendre la réglementation des rapports entre États, le rôle de la science devait consister à construire sur des données spéculatives le droit abstrait du *Jus naturæ*, puis à en faire l'application aux États.

73. — Le *Jus naturæ et gentium* eut un succès qu'on a pu, sans trop d'exagération, comparer à celui du *De jure belli ac pacis* de Grotius. On le commenta, on le traduisit (2). Pendant trois quarts de siècle, il a exercé sur l'orientation de la science du droit des gens une influence, sinon exclusive, du moins prépondérante. Défendues et vulgarisées par Christian Thomasius (1655-1728) (3), les théories de Pufendorf ne devaient pas rester cantonnées en Allemagne, où elles inspirent une littérature nombreuse (4). On en suit l'influence

(1) *Jus gentium nihil aliud est quam jus naturæ, quatenus illud inter se summo imperio non connexæ gentes diversæ observant, queis eadem invicem suo modo officia præstanda quæ singulis per jus naturæ præscribuntur. De quo non est, quod hic peculiariter agamus, cum ea quæ de jure naturæ deque officiis singulorum tradimus, facile possint applicari ad civitates et gentes integras, quæ in unam quoque personam moralem coaluerunt* (*Elementa*, §§ 24-26. Cf. *De jure naturæ*, lib. II, c. III, § 23).

(2) Holtzendorff-Rivier, *op. cit.*, p. 426, éd. fr., p. 383.

(3) Dans ses *Institutionum jurisprudentiæ divinæ libri III in quibus fundamenta juris naturæ secundum hypotheses ill. Pufendorfi perspicue demonstrantur*, 1688, plusieurs fois réimprimé.

(4) Sur cette littérature, Holtzendorff-Rivier, *op. cit.*, § 94. Sur l'influence hors d'Allemagne, § 95.

dans les ouvrages du génevois Jean-Jacques Burlamaqui (1694-1748) (1). Elles pénètrent en France grâce aux traductions de Jean Barbeyrac (2).

74. — *L'École du droit positif.* — La thèse n'était pas cependant sans rencontrer des contradicteurs. Sans parler des quelques esprits de la fin du XVIIe siècle, qui, on le verra, étaient restés fidèles à la tradition de Grotius, la cause du droit des gens positif allait trouver, en Allemagne même, des défenseurs dans le monde de l'enseignement. Tout d'abord, on se contenta de soutenir qu'il existe dans le droit des gens un élément positif distinct de l'élément naturel; de revendiquer, pour les règles issues des usages et des traités, le caractère de préceptes juridiques, la valeur d'un droit positif. C'est là le point de vue auquel se placent deux professeurs allemands, Wolfgang Textor (1637-1701) et Samuel Rachel (1628-1691) (3). Puis, grâce aux facilités qu'elle trouve pour une étude positive du droit des gens dans les publications de documents diplomatiques qui ont lieu depuis la fin du XVIIe siècle, la réaction contre l'école de Pufendorf s'accentue.

(1) *Principes du droit naturel*, 1747; *Principes du droit politique*, 1751.

(2) Barbeyrac (1674-1744), d'une famille française que la révocation de l'édit de Nantes avait forcée de quitter la France, a été le traducteur de Grotius, de Pufendorf, de Bynkershoek. Il a écrit une histoire sur les anciens traités. C'est toutefois à l'école de Pufendorf qu'il se rattache : « au reste depuis que M. de Pufendorf a rejeté le droit des gens dans le sens qu'on l'entendait, il a été suivi en cela et l'est encore aujourd'hui par tous ceux qui ont étudié ces matières avec quelque soin et sans préjugé ». Et ailleurs : « il n'y a point de droit des gens qui soit distinct du droit naturel ». Holtzendorff-Rivier, *op. cit.*, p. 431, édit. fr., p. 388.

(3) Les deux dissertations que Rachel fit paraître en 1676, *De jure naturæ et gentium dissertationes duæ*, sont une critique du *De jure naturæ* de Pufendorf. Il y affirme le caractère positif du « *jus plurium liberarum gentium, pacto sive placito expressim aut tacite initum, quo utilitatis gratia sibi invicem obligantur* ». Il en fait un droit distinct du droit naturel, d'une part, et, d'autre part, de ce fond d'institutions communes à tous les peuples, le *jus gentium* au sens romain du mot. Il indique nettement la différence qui existe, au point de vue de leur application, entre les règles nées de la coutume et celles qui sont nées des traités : les premières constituent un *jus gentium commune*, obligatoire pour tous les États, tandis que les secondes ne constituent qu'un *jus gentium proprium*, obligatoire seulement pour les États qui ont pris part au traité.

75. — Déjà, à la fin du XVIe siècle, un érudit du Tillet avait eu l'idée de réunir en un recueil les traités que la France avait conclus avec l'Angleterre (1). L'essai est repris, sur des bases plus larges, dans la seconde moitié du XVIIe siècle. La France (2), l'Angleterre (3), l'Allemagne (4), ont successivement leurs collections de traités. Le cadre de ces publications ne tarde pas à s'élargir. A côté de ces recueils spéciaux, c'est-à-dire ne renfermant que les traités conclus par un État déterminé, on voit apparaître les recueils généraux, c'est-à-dire comprenant les traités conclus pendant une période déterminée par tous les États indistinctement.

Dès la fin du XVIIe siècle, deux esprits de valeur singulièrement différente, Nessel et Leibnitz, se rencontraient dans une même pensée : rassembler en un recueil et publier les traités et documents diplomatiques de tous les pays et de tous les temps. Tandis que Nessel en restait au projet, Leibnitz, lui, passe à l'exécution. En 1693, il publiait, sous le titre de *Codex juris gentium diplomaticus*, une première collection qu'il faisait suivre, en 1700, d'un supplément, *Mantissa Codicis juris gentium diplomatici*. L'exemple trouve, dans la première moitié du XVIIIe siècle, de nombreux imitateurs. On assiste un peu partout, mais surtout en Hollande où elle dégénère parfois en une entreprise de librairie, à la publication de nombreux recueils généraux plus ou moins complets, dont le plus important est le *Corps universel diplomatique du Droit des gens* que Jean Dumont fit paraître de 1726 à 1731 (8 vol.). En 1738, Rousset de Missy lui donnait, sous le titre de *Supplément au Corps diplomatique* (5 vol.), une suite où se trou-

(1) *Recueil des guerres et des traités de paix, de trêve, d'alliance entre les rois de France et d'Angleterre*, 1588.

(2) *Recueil des traités de paix, de trêve, d'alliance, etc., faits par les rois de France depuis trois siècles*, par Frédéric Léonard, 1693, 6 vol.

(3) Rymer, *Fœdera, conventiones, litteræ et cujuscumque generis acta publica inter reges Angliæ et alios quosve imperatores, reges*, etc. 1704-1716, 17 vol. Supplément 1726-1735, 3 vol. Cette publication a été entreprise à la demande du gouvernement anglais.

(4) Lunig, *Codex Germaniæ diplomaticus*, 1732, 2 vol. Sur d'autres recueils allemands, Rivier, *Lehrbuch*, p. 70.

vait intercalée une *Histoire des anciens traités jusqu'à Charlemagne* de Jean Barbeyrac (1).

76. — Ces publications, en vulgarisant les matériaux pour une étude positive du droit des gens, donnent à la science une orientation nouvelle. On ne se contente plus de restituer aux règles qui découlent des usages et des traités le caractère de règles juridiques, la valeur d'un droit positif. On exagère l'importance qu'il faut donner à cet élément dans l'étude du droit des gens. Pufendorf n'avait vu dans la science du droit des gens qu'une spéculation abstraite; c'est à une méthode diamétralement opposée qu'on la ramène. Après avoir commencé par dire que l'étude du droit positif était l'objet *principal* de la science, on finira par dire qu'il en doit être l'objet *exclusif*. On suit la marche de cette réaction, le progrès de cette tendance, dans les ouvrages du hollandais Bynkershoek, des français Mably (2) et Gaspard de Réal (3), de l'allemand Jean-Jacques Moser.

Bynkershoek (1673-1743) publiait en 1702 son *De dominio maris*, en 1721, son *De foro legatorum*, en 1727, ses *Quæstionum juris publici libri II*, dont le livre premier était consacré au droit de la guerre, le livre second à la matière des ambassades, des traités, du cérémonial maritime. Le droit des gens qu'il étudie, c'est le droit des gens positif, celui qui se dégage des usages (*usus*), des traditions (*mores*), du consentement exprès des États (*consensus gentium*) manifesté dans les trai-

(1) Je mentionnerai également : Jacques Bernard, *Recueil des traités de paix, de trève, de neutralité, d'alliance, de commerce, etc., depuis l'an 536 jusqu'à l'an* 1700, 4 vol. ; Schmauss, *Corpus juris gentium academicum*, 1730-1731. Il en a été donné une continuation de 1735 à 1772 par Wenck, sous le titre de *Codex juris gentium recentissimus*, 1781-1788. Cette suite de Wenck est importante : elle constitue l'anneau intermédiaire entre le recueil de Dumont et celui de G. F. de Martens. Cf., sur ces anciens recueils, tant généraux que spéciaux, le *Précis* de G. F. de Martens, Introd., § 14, édit. Vergé, I, p. 69, ainsi que le *Discours préliminaire* qu'il a placé en tête de son Recueil (1re édit., t. I).

(2) *Le droit public de l'Europe fondé sur les traités depuis la paix de Westphalie jusqu'à nos jours*, 1748.

(3) *La science du gouvernement*, 1751-1764, 8 vol. Le tome V contient le droit des gens.

tés. Les règles qu'il expose, ce sont celles qui sont suivies par les États chrétiens de l'Europe occidentale, les seuls qui, à l'époque, entrassent dans la composition de la communauté internationale (*mores gentium europæarum*) : c'est à la pratique qui se déroule sous ses yeux qu'il les emprunte, c'est dans les faits contemporains qu'il va les chercher (1). S'il voit dans l'exposé du droit positif la tâche principale de la science (2), il ne l'y absorbe pas cependant. Il fait à la critique raisonnée sa place (3). Ce qui était reconnaître implicitement, mais pour ne le faire servir qu'au contrôle du droit pratique, l'existence, dans le droit des gens, d'un élément distinct de l'élément positif.

77. — De 1732 à 1781, Moser (1701-1785) a écrit un nombre considérable d'ouvrages sur le droit des gens, monographies, essais, esquisses. Existe-t-il un droit naturel, c'est là un problème que Moser ne se pose pas, par la raison toute simple que, d'après lui, cet élément existât-il, il ne doit pas entrer en ligne de compte dans une étude du droit des gens. Il se dégage des traités et des usages un ensemble de règles dont le caractère juridique ne peut pas être contesté. Ce sont ces règles qui constituent le droit des gens. C'est à leur exposé que la science doit se borner. Elle doit s'abstenir de toute

(1) *Quæstiones juris publici, Ad lectorem* (éd. 1761, t. II, p. 161-162) : *Vetera exempla et vetera gentium pacta, quæ apud historicos, græcos et latinos, exstant, habent sane suum pretium, sed, ut mores gentium mutantur, sic et mutatur jus gentium... Plurima olim juris gentium fuerunt, quæ nunc non sunt... Atque inde est, quod exempla... quibus hic utor, maluerim depromere ex recentiori, quam antiquiori memoria, quia enim, quæ hic scribo, ad usum pertinere volui, major ratio erat habenda nostri, quam veteris ævi.*

(2) *Scio, ex sola ratione, aliud et aliud de foro legatorum placere posse, at scio, eam rationem vincere, quam usus gentium probavit* (*De foro legatorum, Ad lectorem*, éd. 1761, II, p. 122).

(3) *Non Grotius, non Pufendorfius, non interpretes, qui in utrumque commentati sunt, me convicerent, si non convicerit ratio... Sæpe quidem Grotio et Pufendorfio testimonium denuntiavi... ab utriusque tamen sententia recessi, ubi ipsa ratio videbatur recedere. Hanc præcipue in consilium adhibui, et, nisi illa vincat, nihil vicerit in omni quæstione juris publici* (*Quæstiones juris publici, Ad lectorem*, éd. 1761, t. II, p. 161-162). Et plus loin : *ratio, ipsa, inquam, ratio, juris gentium est anima* (Lib. I, cap. II, éd. 1761, p. 165).

critique : de pareils jugements seraient sans utilité, et, le plus souvent, déplacés. La méthode tracée (1), Moser y est resté fidèle. Il se contente de dégager les règles des faits, de les formuler en les appuyant d'un nombre considérable d'exemples qu'il emprunte aux actes officiels, aux renseignements de la presse de son temps. La quantité des matériaux est énorme ; le travail, considérable ; toute appréciation, soigneusement écartée. La réaction contre l'école de Pufendorf était arrivée à sa phase extrême. D'objet *principal* de la science, l'exposé de l'élément positif du droit des gens en était devenu l'objet *exclusif*. La science était engagée dans une méthode qui, si elle y fut restée, lui eut enlevé tout moyen d'action sur l'amélioration du droit des gens.

78. — *La tradition de Grotius.* — Au milieu de ces tendances contradictoires, la doctrine de Grotius qui, à côté d'un élément naturel dont elle faisait le fondement du droit des gens, reconnaissait un élément positif basé sur les traités et sur les usages, s'était maintenue. Elle avait continué de compter, en Hollande et même en Allemagne, des adeptes pendant toute la seconde moitié du XVIIe siècle (2). Le grand Leibnitz, par hostilité contre tout ce qui venait de Pufendorf tout autant que par conviction, l'avait adoptée (3). Renouvelée par les travaux de Wolff, vulgarisée par le livre de Vattel, elle a un regain d'autorité dans la seconde moitié du XVIIIe siècle.

(1) Dans ses premières œuvres. Cf. Holtzendorff-Rivier, *op. cit.*, p. 456, éd. fr., p. 414.

(2) Holzendorff-Rivier, § 97.

(3) C'est d'elle qu'il s'inspire dans la préface de son *Codex diplomaticus*. Cela résulte du rapprochement de deux passages dont l'un reconnait l'existence distincte d'un droit des gens positif, mais dont l'autre lui donne comme fondement le droit des gens naturel : *Præter æterna naturæ rationalis jura ex divino fonte fluentia, jus etiam voluntarium habetur, receptum moribus, vel a Superiore constitutum. Et in Republica quidem jus civile ab eo vim accepit, qui summam Potestatem habet ; extra Rempublicam vel inter eos qui summæ potestatis participes sunt... locus est juri Gentium voluntario, tacito populorum consensu recepto.* Et plus loin : *Basis... juris fecialis inter Gentes ipsum naturæ jus est... Hinc Gentium placita inædificata sunt, variabilia temporibus locisque.*

79. — C'est à Halle, où il était revenu pour occuper la chaire du droit naturel et du droit des gens, après avoir consacré la majeure partie de son existence à l'enseignement des mathématiques, que Christian Wolff (1679-1754) fit paraître, en 1749, son *Jus gentium methodo scientifica pertractatum, in quo jus gentium naturale ab eo quod voluntarii, pacticii, et consuetudinarii est, accurate distinguitur*. Dans sa pensée, l'ouvrage devait former le complément d'un important traité sur le droit naturel, *Jus naturæ*, qu'il avait publié de 1740 à 1748. En 1750, il donnait un résumé de ses deux ouvrages dans une sorte de *Compendium*, qui ne tarda pas à être traduit en allemand et en français, les *Institutiones juris naturæ et gentium* (1).

Reprenant les idées de Grotius, Wolff admet l'existence dans le droit des gens d'un élément naturel, constituant un droit nécessaire, obligatoire par lui-même, qui n'est autre qu'une adaptation du droit naturel aux rapports entre États, et qu'il appelle le *Jus gentium naturale vel necessarium* (2). En regard, et distinct de ce droit des gens naturel, il place le droit des gens positif qu'il décompose en : 1° *Jus gentium pacticium*, lequel, né du consentement exprès (*consensus expressus*) des États manifesté par les traités, n'est obligatoire que pour les parties contractantes ; 2° *Jus gentium consuetudinarium*, lequel a sa source dans le consentement tacite des États (*consensus tacitus*) manifesté par les coutumes ; 3° *Jus*

(1) En 1758, Formey, d'une famille de réfugiés français, donnait, sous le titre de *Principes du droit de la nature et des gens*, un extrait des deux grands ouvrages de Wolff.

(2) *Quoniam gentes diversæ inter se spectantur tanquam personæ liberæ in statu naturali viventes, ab obligatione autem naturali, propterea quod in civitatem coivere, se liberare non potuerunt ; ad eadem officia tum erga se ipsos, tum erga gentes alias obligantur, qua singuli singulis tenentur,.. consequenter inter se utuntur jure naturali. Jus naturæ ad gentes applicatum vocatur jus gentium necessarium vel naturale... Atque hoc jus prorsus immutabile est, nec ab obligatione, quæ inde venit, gens ulla se liberare potest* (*Institutiones, Pars* IV, princ.). Cf. *Principes du droit de la nature et des gens* de Formey, liv. IX, ch. 1, § 1.

gentium voluntarium lequel repose sur le consentement présumé des États (1).

Dans la terminologie de Grotius, le *jus voluntarium* désignait l'ensemble du droit des gens positif par opposition au droit des gens naturel. Dans la terminologie de Wolff, le *jus voluntarium* désigne, non plus l'ensemble du droit positif, mais l'un de ses éléments. Il se rattache à une conception d'organisation internationale qui, si elle est le côté original du système de Wolff, en était aussi le côté défectueux. Partant de l'idée que les États comme les individus ne peuvent réaliser leur fin que dans un rapport de société, il enseigne qu'il existe une communauté internationale (*societas*) dont les États sont les personnes, et à laquelle ils sont censés donner leur consentement à raison de l'utilité qu'ils en retirent (2). Jusque-là, rien à dire. Cette notion d'une société des États n'était pas chose nouvelle. Nous l'avons trouvée dans Suarez, dans Grotius. Elle était devenue, depuis le XVIe siècle, une des idées courantes en matière internationale.

Voici maintenant le côté qui en était le côté original, mais aussi celui qui prêtait à critique. Wolff faisait de cette société une sorte d'État organisé (*civitas*), l'État des nations, qu'il opposait, comme *civitas gentium maxima*, aux États particuliers (*civitates particulares*) dont elle se compose. Il l'investissait d'une autorité (*imperium*) sur chacun de ses membres (3), sans s'apercevoir que cette autorité était en contra-

(1) *Principes, loc. cit.*

(2) *Gentes omnes in civitatem coivisse intelligentur, cujus singula membra sunt singulæ gentes seu civitates particulares. Ipsa enim natura instituit inter omnes gentes societatem, et ad eam colendam eas obligat communis boni conjunctis viribus promovendi causa... Absit itaque, ut tibi persuadeas nullam prorsus esse gentem quæ non consentire intelligatur in civitatem, in quam omnes coire jubet ipsa natura. Quemadmodum vero, in tutela recte præsumitur consentire pupillus quatenus consentire deberet, immo consensurus esset, si quidem commoda sua intelligeret ; ita non minus gentes quæ defectu acuminis non perspiciant, quantæ utilitatis sit esse membrum civitatis illius maximæ, consentire in hanc associationem præsumuntur.* Cf. *Principes, loc. cit.*, § 5.

(3) *Principes, loc. cit.*, § 6.

diction avec le principe de l'indépendance des États. Cette idée d'un *empire* exercé sur chacun de ses membres *par la grande cité* une fois posée, Wolff en fait découler les règles dont il forme le *jus voluntarium*. Elles ont avec le droit naturel ce trait commun, d'être d'une application générale. Aucun État ne peut s'y soustraire. Ils sont présumés en avoir reconnu la force obligatoire (1) : ayant accepté de faire partie de la *civitas gentium maxima*, ils ont par suite accepté de subir l'autorité dont cette *civitas* est investie sur chacun de ses membres.

Malgré ce qu'avait de pénible la lecture des ouvrages dans lesquels elle était exposée, la doctrine de Wolff a fait école dans la seconde moitié du XVIIIe siècle (2).

80. — Corriger le système des exagérations qu'il renfermait, l'exposer en une forme qui pût le rendre accessible aux personnes « qui sont à la tête des affaires, à ceux de qui il importe le plus qu'il soit lu et goûté, car le droit des gens est la loi des souverains, c'est pour eux principalement et pour leurs intérêts qu'on doit l'écrire », tel est le but que se proposa le génevois Emer de Vattel (1714-1767). En 1758, il faisait paraître *Le droit des gens ou principes de la loi naturelle appliqués à la conduite et aux affaires des nations et des souverains*. Vattel s'y est donné comme tâche d'être le vulgarisateur de la doctrine de Wolff. Il nous déclare que c'est elle qui fait le fond de son livre. Mais il se trouve que, par suite des modifications qu'il lui fait subir dans ce qui était sa partie originale, c'est en réalité le système de Grotius qu'il expose et qu'il vulgarise. Il rejette, comme contraire à l'indépendance des États, la conception de la *civitas gentium maxima*. Il ne retient que la notion d'une *Société des nations*, telle que nous la comprenons, c'est-à-dire d'une société qui

(1) *Ex fine civitatis maximae quem perinde ac societatem inter omnes instituit ipsa natura, ut in jus istud consentire debeant gentes, non vero libertati earum relictum sit, utrum consentire malint an nolint.*

(2) On constate son influence en France; c'est d'elle que s'est inspiré Gérard de Rayneval (1746-1812) dans ses *Institutions du droit de la nature et des gens*, 2e édit., 1832, 2 vol. Cf. Holtzendorff-Rivier, *op. cit.*, § 100.

relie les États par le sentiment d'une réciprocité de droits et de devoirs, sans diminuer en rien leur indépendance.

Malgré ses défauts (1), le livre de Vattel, écrit dans un style élégant et facile, eut un succès considérable. Traduit dans la plupart des langues de l'Europe, annoté, souvent réédité (2), il acquit dans le « monde poli » pour lequel il avait été composé, dans les chancelleries et près des diplomates, une autorité qu'il a encore conservée de nos jours (3).

81. — *Les philosophes.* — A partir du milieu du XVIIIe siècle, les philosophes introduisent une note nouvelle. Ils considèrent le problème de la réglementation des rapports entre États, non pas comme un problème d'ordre historique et juridique, mais comme un problème d'ordre philosophique. Ils appliquent à sa solution les tendances générales de leur philosophie.

Kant (1724-1804) voit dans la guerre un état de nature des peuples auquel il convient de substituer l'état juridique de la paix. Pour réaliser l'idéal de la paix perpétuelle, il faudrait arriver au groupement de l'humanité en un État des nations (*Vœlkerstaat*). Si l'on ne peut espérer atteindre ce résultat, on doit du moins chercher à s'en rapprocher : telle doit être la tendance générale du droit des gens, dénomination à laquelle il propose de substituer celle de *Jus publicum civitatum* (4).

Fichte (1762-1814) renverse la manière traditionnelle de comprendre les sujets du droit des gens : le sujet du droit des gens, ce n'est pas l'État, mais l'individu en tant que citoyen d'un État.

(1) Le livre I traite de matières qui rentrent dans le droit public interne ; mais il faut, pour être juste, reconnaître que c'est là un vice de méthode qui remontait à Grotius et qui était resté en quelque sorte traditionnel. Au jugement sévère de F. de Martens, *op. cit.*, I, p. 211, je préfère celui de Holtzendorff-Rivier, *op. cit.*, p. 449, éd. fr., p. 407.

(2) Une édition en a été donnée en 1863 par Pradier-Fodéré, 3 vol.

(3) C'est de la doctrine de Grotius, remise au point par Vattel, que s'inspire l'abbé Grégoire dans son discours du 23 avril 1795, *suprà*, p. 86, n. 1.

(4) C'est dans ses *Éléments métaphysiques de la science du droit* (1796) que Kant a exposé sa doctrine sur le droit des gens. Cf. sur l'influence qu'elle a exercée en Allemagne, Holzendorff-Rivier, *op. cit.*, § 105.

Hegel (1770-1831) est amené, par sa théorie de l'Etat, à diminuer singulièrement la portée des règles du droit des gens, qu'il appelle le droit public externe. Il fait de la souveraineté de l'État un principe absolu, dont il exagère les conséquences. Non seulement il rejette la conception kantienne d'un État des nations, mais même il repousse, comme arbitraire et contraire à l'indépendance des États, la notion d'une communauté internationale. Les principes du droit des gens ne sont pas des règles juridiques, mais de simples règles de convenance que les États ne sont tenus de respecter que dans la mesure de leur intérêt. La guerre n'a pas besoin de justification. Elle n'est pas un mal en soi. Elle est une condition du progrès dans l'histoire. Elle est indispensable à la santé morale des peuples (1).

82. — Bentham (1747-1832) transporte aux relations des Etats sa théorie utilitaire. Reprenant une idée qu'on trouve déjà dans Rachel et qui cadrait avec son système général de philosophie, il fait de l'utilité la notion fondamentale du droit des gens. Il en définit l'objet : la réalisation en temps de paix de l'utilité générale dans le commerce des États indépendants, et, au cas de guerre, la production du moindre mal possible (2). C'est dans ses *Principles of international Law*, ouvrage composé de 1786 à 1789, mais qui ne fut publié qu'après sa mort (3), que Bentham avait résumé ses vues sur

(1) « Comme l'agitation des vents préserve les mers de la corruption qu'engendrerait l'immobilité ». Il est curieux de rapprocher, de ces idées de Hegel sur le rôle de la guerre, ce qu'en dit M. de Moltke dans sa fameuse lettre à Bluntschli du 11 décembre 1880 (R. D. I., 1881, XIII, p. 80): « La paix perpétuelle est un rêve et ce n'est même pas un beau rêve. La guerre est un élément de l'ordre du monde établi par Dieu. Les plus nobles vertus de l'homme s'y développent. Sans la guerre, le monde croupirait et se perdrait dans le matérialisme ». Cf. Lévy-Brühl, *La théorie de l'État dans Hegel* (*Séances et travaux de l'Académie des sciences morales*, nouvelle série, XXXV, 1889, p. 16-36).

(2) C'est ainsi que l'avait également compris Montesquieu (*Esprit des Lois*, I, ch. 3) : « Le droit des gens est naturellement fondé sur ce principe, que les diverses nations doivent se faire dans la paix le plus de bien, et dans la guerre le moins de mal qu'il est possible, sans nuire à leurs véritables intérêts ».

(3) Ed. Bowring, t. II, p. 535.

l'objet du droit des gens, ses sujets, les causes et les effets de la guerre, les moyens de réaliser la paix perpétuelle (1).

83. — *L'École moderne.* — Il y avait dans les ouvrages de Bynkershoek une ébauche de méthode. Georges-Frédéric de Martens (1756-1821) la complète, en ajoutant le souci de la recherche historique et de l'ordonnance dans l'exposé des matières du droit des gens. En 1785, il faisait paraître ses *Primæ lineæ juris gentium europæarum practici*, en 1789, son *Précis du droit des gens moderne de l'Europe* (2), en 1796, en allemand, son *Introduction au droit des gens positif de l'Europe fondé sur les traités et les coutumes* (3). Il admet l'existence d'un droit des gens naturel et d'un droit des gens positif. Il se sert même du premier pour combler à l'occasion les lacunes du second. En cela, il rompait avec les exagérations de Moser. Il s'écartait, d'autre part, de l'école de Grotius en ce que, partant de l'idée que l'élément positif qui résulte des traités et des usages est un droit qui a en lui-même sa force obligatoire, il en fait l'objet principal de ses recherches. Son *Précis* est avant tout un exposé systématique, d'après un plan raisonné, d'un droit des gens européen, positif, dont l'histoire démontre l'existence. On peut dire de Bynkershoek et de G. F. de Martens, qu'ils sont les deux précurseurs de l'école moderne, qu'ils lui ont donné son orientation.

84. — Non pas qu'il faille s'attendre à rencontrer l'unité de tendance et de méthode parmi les nombreux auteurs qui, de nos jours, ont fait du droit international l'objet de leurs tra-

(1) On sait l'influence qu'a exercée sur la terminologie la dénomination de *international Law* (*suprà*, n° 2). On a vu également que c'est Bentham qui le premier avait eu l'idée d'une codification du droit des gens. Il était arrivé à concevoir, par une application des tendances utilitaires de son système, le projet de percement des isthmes de Suez et de Panama. Des notes inédites nous le montrent enfin proposant l'émancipation de l'Égypte et sa constitution en Etat indépendant (Nys, R. D. I., 1887, XIX, p. 446-460 ; cf. 1891, XXIII, p. 474-492).

(2) Il en a été donné, en 1864, une nouvelle édition avec notes par Charles Vergé, 2 vol.

(3) Nous retrouverons G. F. de Martens comme fondateur d'un recueil général de traités qui a été continué depuis.

vaux. Les différents courants qui, dans les deux derniers siècles, avaient agi sur la science du droit, se font encore sentir, mais avec une intensité singulièrement amoindrie, dans la littérature contemporaine (1). C'est ainsi que certains, comme Ahrens (1808-1874) (2), ont envisagé, à un point de vue purement philosophique, le problème de la réglementation des rapports entre États. D'autres, comme Lorimer, ont repris la thèse de Pufendorf, et persistent à ne voir dans le droit des gens qu'une adaptation aux relations des États des prescriptions du droit naturel (3). D'autres, revenant à la tradition de Grotius, ont bien admis la coexistence dans le droit des gens d'un élément naturel et d'un élément positif, mais ont fait du premier l'élément fondamental du droit des gens, l'élément positif n'intervenant que pour appliquer les règles du droit naturel ou pour y déroger (4). D'autres enfin, par une exagération qui rappelle celle de certains positivistes du siècle dernier, ont rejeté l'élément naturel, et prétendu limiter l'objet de la science à l'étude de l'élément positif, basé sur les usages et les traités (5). Toutefois, au milieu de ces tendances divergentes, on constate comme une tendance moyenne, qui est la note dominante de l'école moderne.

85. — On a qualifié cette tendance de « positivisme éclectique, tempéré par la critique philosophique » (6). La for-

(1) Il y a une exagération manifeste à dire, comme fait Gareis, *op. cit.*, p. 19, p. 37, qu'il n'y a plus que l'école positive qui soit représentée dans cette littérature. Cf. Bulmerincq, *op. cit.*, § 7.

(2) Le livre III de son *Cours de droit naturel* (1839) contient sa philosophie du droit des gens. Je citerai également Tissot, *Introduction philosophique à l'étude du droit international* (1872).

(3) *The Law of Nations is the Law of Nature realised in the relations of separate political communities* (*Institutes of the Law of Nations*, t. I, p. 19). Les deux volumes de l'édition anglaise (1883-1884) ont été résumés par Ernest Nys en un volume qui a paru en français sous le titre *Principes de droit international* (1884). Cf., sur le système de Lorimer, les articles de Rolin-Jaequemyns (R. D. I., XVII, p. 518 et s., XVIII, p. 49 et s.).

(4) Tel est le point de vue de Wheaton. Cf. Holtzendorff-Rivier, *op. cit.*, p. 501, éd. fr., p. 464.

(5) On trouve cette tendance notamment dans Hall. Cf. le compte rendu de Arntz (R. D. I., XIII, p. 649-653).

(6) Rivier, *Lehrbuch*, p. 60.

mule n'est peut-être pas suffisamment précise. Je dirai de l'école moderne que, prise dans son ensemble, elle présente les trois caractéristiques que voici :

1° Elle reconnaît la nature juridique, la valeur positive des règles qui se dégagent des usages et des traités. Si elle fait de l'exposé de ces règles l'objet principal de ses travaux, elle n'en fait pas du moins l'objet exclusif.

2° Elle se préoccupe du problème de la réglementation rationnelle des rapports entre États. A côté du droit des gens positif, elle admet l'existence d'un droit des gens naturel, mais en donnant à ce dernier une signification toute différente de celle que Grotius lui avait attribuée. Elle ne fait plus de cet élément naturel le fondement du droit positif. L'élément positif lui apparaît comme un droit qui se suffit à lui-même, qui a en lui-même sa propre autorité qu'il tire du consentement exprès ou tacite des États. Elle ne voit dans l'élément naturel du droit des gens qu'un droit théorique, obligatoire en ce sens seulement, que c'est à une adoption progressive de ses données que la pratique doit tendre (1). Elle s'en sert, non pas pour compléter l'élément positif, mais pour le contrôler.

3° Enfin, à la différence des écoles antérieures, elle attache une importance très grande à l'ordonnance des matières dans l'exposé systématique du droit des gens.

(1) *Suprà*, n°s 7-10.

V

I. — Plan.

86. — Les auteurs ne sont pas d'accord sur le plan qu'il convient d'adopter dans une exposition systématique du droit des gens (1). Les uns, reprenant une tradition qui remonte à Grotius, divisent le droit des gens en droit des gens en temps de paix et droit des gens en temps de guerre (2). D'autres distinguent dans le droit des gens une partie générale et une partie spéciale (3). Je n'approuve ni l'une ni l'autre de ces divisions. La première a le tort d'exagérer les modifications que l'état de guerre apporte dans les relations de la communauté internationale ; elle présente les choses, comme s'il y avait pour le temps de paix un droit des gens distinct de celui qui fonctionne en temps de guerre, alors qu'il n'y a, en réalité, que des applications à des situations différentes d'un seul et même droit (4). La seconde a l'inconvénient d'aboutir à des classifications arbitraires : je ne vois pas pourquoi l'on place les traités, par exemple, dans la partie générale du droit des gens, alors qu'on range dans la partie spéciale les organes qui, d'une manière normale, servent aux relations entre États.

87. — Voici, sans m'attarder davantage à ces questions de programme, le plan que je crois devoir adopter.

Le droit des gens étant le droit qui régit la communauté

(1) On trouvera un excellent résumé de ces divergences dans le *Lehrbuch* de Rivier, p. 73-78. Cf. sur ce que les allemands appellent la « systématique » du droit des gens, Holtzendorff-Rivier *op. cit.*, I, § 20, mais surtout Bulmerincq, *Die Systematik des Vœlkerrechts von Hugo Grotius bis auf die Gegenwart*, 1858, et, *op. cit.*, § 5.

(2) Telle est la division adoptée par Twiss et Carnazza-Amari.

(3) Comme F. de Martens, Gareis. Ce dernier subdivise la partie spéciale du droit des gens en droit des gens *matériel* (organes internationaux, traités) et droit des gens *formel* (litiges internationaux).

(4) Bulmerincq, *Vœlkerrecht* (dans Marquardsen), p. 180.

internationale, il est naturel de commencer par se demander, quelles sont les individualités qui font partie de cette communauté, qui en constituent les personnes, qui sont par suite les sujets du droit des gens. L'étude des sujets ou des personnes du droit international formera l'objet du livre I. Nous aurons à examiner quels sont les caractères constitutifs de la personnalité internationale, comment naissent les personnes du droit des gens, quelles formes elles peuvent revêtir, de quels éléments elles peuvent se composer, comment elles se transforment, comment elles meurent.

Les personnes du droit des gens ont, par cela seul qu'elles existent, des droits et des devoirs dont on peut dire, pour les distinguer de ceux qui naissent des traités, qu'ils sont des droits et des devoirs *naturels*. Leur étude formera la matière du livre II. Nous aurons notamment à nous demander si la non-intervention constitue un devoir absolu, ou s'il n'existe pas au contraire un droit d'intervention et dans quelle mesure.

Les choses ne rentrant dans la sphère du droit que par les rapports juridiques dont elles sont l'objet, c'est à l'étude des droits des États que, logiquement, nous devrions rattacher celle des biens considérés au point de vue du droit international. Comme toutefois cette étude des choses au point de vue international présente une importance considérable, comporte des développements étendus, nous en ferons l'objet d'un livre spécial, le livre III. Nous y examinerons quelles sont, en dehors des surfaces terrestres ou territoires, les choses qui sont susceptibles d'être soumises à la souveraineté de l'État. Ce qui nous amènera à étudier successivement la condition internationale de la mer, des fleuves, des navires.

Les États qui ne sont que des entités politiques ont besoin d'organes pour correspondre entre eux. D'autre part, ils ont pris l'habitude d'établir sur leurs territoires respectifs des agents à fonctions limitées dont on peut dire, pour les distinguer des organes internationaux, qu'ils sont des agents *externes* d'administration, les consuls. Ils sont amenés, par la solidarité de leurs intérêts, à conclure des conventions ou traités. Nous savons enfin quel est le développement qu'a pris, dans le courant du siècle, la pratique des conférences et des congrès, et qu'on y a pu voir, les uns, comme une organisation, les autres, comme des organes de la communauté internationale. Organes internationaux, consuls, congrès et conférences, traités, ce ne sont pas autre chose que des manifestations des relations normales qui ont lieu, en temps de paix, entre les membres de la communauté internationale. Nous ferons de l'étude de ces relations l'objet du livre IV.

Des conflits peuvent surgir entre les États. Le livre V traitera des litiges internationaux et des solutions de nature différente qu'ils comportent. Ce qui comprendra : 1° l'étude des moyens amiables par lesquels les États peuvent résoudre les conflits qui s'élèvent entre eux ; 2° celle des moyens de contrainte qu'à défaut d'entente amiable le droit des gens met à leur disposition et qui constituent, on l'a vu, les sanctions extrajudiciaires *directes* du droit international. Les moyens de contrainte se subdivisent eux-mêmes, suivant qu'ils mettent ou non fin aux relations pacifiques des États entre lesquels ils interviennent, en deux groupes : représailles, d'un côté, guerre, de l'autre. Les règles de la guerre varient avec le théâtre sur lequel ses opérations se déroulent. Nous aurons à étudier les règles de la guerre continentale, les particularités de la guerre maritime. La guerre place les États qui n'y prennent pas part dans une condition spéciale, la neutralité. Nous aurons à nous demander quelles sont les obligations que cette condition impose, les droits qu'elle confère.

En résumé, voici quel est le cadre général dans lequel je ferai rentrer les développements du cours :

Livre I. — *Des personnes du droit des gens.*

Livre II. — *Des droits et des devoirs naturels des États. Intervention.*

Livre III. — *Des choses au point de vue du droit international. Territoire. Mer. Fleuves. Navires.*

Livre IV. — *Des relations pacifiques entre les États. Organes internationaux (chefs d'État, agents diplomatiques). Service consulaire. Congrès et conférences. Traités.*

Livre V.—*Des conflits internationaux. Solutions pacifiques. Moyens de contrainte : représailles, guerre. Guerre continentale. Guerre maritime. Neutralité. Des prises maritimes. Comment l'état de guerre prend fin.*

II. — Méthode. Instruments servant à la connaissance du droit des gens.

88. — Quant à la méthode, elle est toute tracée par ce que nous savons de l'objet de la science du droit international et de la tendance qui domine dans l'école moderne (1). Je ne me contenterai pas d'exposer le droit qui se dégage de la *necessitas*, des coutumes et des traités et qui compose l'élément positif du droit des gens. J'en ferai la critique. J'indiquerai à l'occasion quelles sont les réformes qu'il conviendrait d'y apporter, quelles sont les règles rationnelles qu'il serait désirable de voir substituer aux règles suivies par la pratique. En d'autres termes, et pour reprendre une formule dont je me suis déjà servi, nous aurons à étudier simultanément, en tenant compte toujours de la différence qui existe entre l'élément positif du droit international et l'élément théorique, *ce qui est* et *ce qui devrait être*.

89. — A) *Ce qui est.* Nous savons que le droit des gens positif n'est pas un droit codifié, que le caractère de ses règles varie avec les sources d'où elles émanent. Les règles qui se rattachent à la *necessitas*, celles auxquelles la coutume donne naissance, constituent un droit non écrit. A quels documents recourir pour en avoir connaissance ? Les traités fonctionnent tantôt comme contrats du droit des gens, ils ont alors pour objet de régler des rapports accidentels entre États ; tantôt comme source du droit, ils ont alors pour objet d'introduire dans le droit positif des préceptes nouveaux. De quelque façon qu'on les envisage, leur étude présente un

(1) *Suprà*, nos 63, 85

intérêt considérable, le droit qu'ils produisent est un droit écrit. Où trouver les traités?

90. — 1° *Necessitas, coutume*. Suivant qu'ils émanent ou non des États, les instruments documentaires peuvent se classer en deux groupes : instruments documentaires directs, instruments documentaires indirects. Il va de soi qu'au point de vue du parti qu'on en doit tirer, ils ne présentent pas la même valeur.

91. — *α. Instruments documentaires directs*. — J'entends par là les documents qui émanent des États eux-mêmes, et dans lesquels par suite on peut chercher l'expression directe de leur volonté. Je range dans ce premier groupe de documents les décisions des tribunaux, les actes de législation interne, en tant qu'ils se réfèrent à des matières du droit des gens, les documents diplomatiques. Ils ont valeur d'instruments documentaires directs, soit que, faisant application d'une règle rationnelle, ils établissent qu'elle est « reconnue » par les États comme règle positive, soit que, faisant allusion à une règle coutumière, ils en constatent l'existence, soit enfin que, actes d'État, ils jouent le rôle d'éléments constitutifs de coutumes (1).

On trouvera d'utiles renseignements de législation interne dans les publications de la *Société de législation comparée* (2). Les décisions des juridictions ordinaires sont, dans chaque État, réunies dans des recueils, les recueils de jurisprudence. Le travail de recherche est toutefois singulièrement facilité, grâce à une revue française, le *Journal du droit international privé*, qui publie toutes celles de ces décisions qui offrent un intérêt au point de vue du droit international. Quant aux décisions des tribunaux des prises ou des tribunaux d'arbi-

(1) *Suprà*, p. 22, note 1, p. 26.

(2) Dans le *Bulletin*, dans l'*Annuaire de législation française*, mais surtout dans l'*Annuaire de législation étrangère*. Dans sa session de Bruxelles, en 1885, l'Institut de droit international a émis un vœu tendant à la création, par voie d'accord entre États, d'un bureau international permanent, destiné à faciliter la connaissance des lois d'intérêt international, au fur et à mesure de leur promulgation (*Annuaire*, VIII, p. 236-272).

trage international (1) qui sont, parmi les décisions judiciaires, celles qui intéressent le plus directement le droit des gens, il faut aller les chercher, les premières, dans les recueils spéciaux auxquels elles ont donné lieu (2), les secondes, dans les recueils de traités.

Dans un sens restreint, on entend par *actes diplomatiques* les pièces officielles autres que les traités, qui se rapportent à la politique extérieure des États ; la correspondance diplomatique, c'est-à-dire les communications échangées de gouvernement à gouvernement relativement à une affaire déterminée, en est une variété. On sait qu'à partir du XVIIIe siècle, les actes diplomatiques ont commencé à faire l'objet de publications (3). Ces publications du siècle dernier sont forcément incomplètes. Elles avaient lieu sous des régimes de gouvernement absolu, et l'on conçoit qu'il n'était ni dans le goût ni dans les habitudes de ces gouvernements, de favoriser la divulgation de documents qui pouvaient permettre d'exercer un contrôle sur leur politique. Il a fallu la réaction libérale qui s'est faite dans les organismes constitutionnels, pour amener les gouvernements à rendre publiques des pièces que, jusque-là, ils avaient, autant que possible, gardées dans le secret de leurs chancelleries. On les voit maintenant, dans les pays où il existe un contrôle parlementaire, communiquer aux chambres, pour justifier leur politique dans une question déterminée, les documents diplomatiques qui s'y rapportent. Ces publications qui ont lieu par les soins des offices des affaires étrangères portent des noms qui varient d'après la couleur de leur couverture : livre jaune en France, livre bleu en Angleterre, livre blanc en Allemagne, livre vert en Italie, livre rouge en Autriche. C'est là que certaines revues vont puiser les pièces officielles pour, ensuite,

(1) *Suprà*, p. 35, note 3, p. 36, note 1.

(2) Si toutes les puissances maritimes ne se sont pas encore décidées à publier les décisions de leurs tribunaux des prises, les plus importantes du moins, la France, l'Angleterre, les États-Unis, le font. Je renvoie sur ces recueils aux indications de Bulmerincq, *Théorie des prises* (R. D. I., XI, p. 155).

(3) *Suprà*, n° 75.

en faciliter et en répandre la connaissance. Je citerai, en Allemagne, les *Archives d'Etat* (1), et, en France, une revue sur laquelle je vais avoir l'occasion de revenir, les *Archives diplomatiques*.

92, — β. *Instruments documentaires indirects*. — J'entends par là les écrits des publicistes et des jurisconsultes. On sait que, lorsqu'il s'agit de l'élément positif du droit des gens, ils n'ont que la valeur d'instruments documentaires indirects (2). On ne peut y voir l'expression directe de la volonté des États. Les auteurs ne font en somme que dégager ce qu'ils croient être le produit de cette volonté, qu'exposer les règles qui, d'après leurs recherches, leur paraissent constituer le droit positif. Ils n'apportent qu'un témoignage. Toujours est-il que, d'après ce que nous savons de l'importance du rôle du jurisconsulte en matière de droit non écrit, c'est là un témoignage précieux à consulter. Sa valeur, d'ailleurs, varie suivant les cas.

Il y a des pays où il existe des jurisconsultes en quelque sorte attitrés, aux lumières de qui le gouvernement a recours, lorsqu'il a des doutes sur l'existence ou la portée d'une règle coutumière, d'une façon générale, sur l'application qu'il convient de faire des préceptes du droit des gens à une question déterminée. En Angleterre, on trouve des jurisconsultes de la couronne (3). En France, en Italie, un comité consultatif du contentieux fonctionne à côté du ministère des affaires étrangères (4). Si l'on ne peut voir dans les

(1) *Staatsarchiv*. Ce « *Recueil d'actes officiels pour servir à l'histoire contemporaine* » a été fondé par Ægidi et Klauhold, et parait depuis 1861.

(2) *Suprà*, n° 64.

(3) Le 26 juillet 1862 entre autres le gouvernement anglais les consultait sur le cas de l'Alabama : le 29, ils donnaient leur avis qui concluait à la saisie du corsaire. Geffcken, *Die Alabama-Frage*, 1872, p. 34. Cf. Holtzendorff-Geffcken, *Handbuch*, IV, p. 681.

(4) En France, le comité consultatif du contentieux, institué auprès du ministère des affaires étrangères, a été réorganisé par les décrets du 8 février 1877, article 4, et du 17 avril 1882. Il comprend, à côté de membres de droit appartenant au ministère et de membres choisis dans le Sénat, la Chambre, le Conseil d'Etat, la Cour de cassation, un professeur de la faculté de droit de Paris. En Italie, le « conseil du contentieux di-

consultations de ces jurisconsultes ni des sources du droit, ni même des éléments constitutifs de coutumes (1), il va de soi cependant que leur témoignage prend une grande valeur, lorsqu'ils se prononcent pour l'existence d'une règle contraire, ou qu'ils lui donnent un sens défavorable, aux prétentions de l'État dont ils sont les conseils (2).

Quant aux écrits des publicistes, aux ouvrages des jurisconsultes qui n'ont pas ce caractère officieux, on devra, dans la manière de s'en servir, tenir compte des trois règles critiques que voici : 1° Il faut avoir soin de distinguer ce qui se rapporte à l'élément positif du droit des gens de ce qui se rapporte à son élément théorique. Cela est particulièrement nécessaire lorsqu'il s'agit de ces ouvrages où le droit des gens est exposé en la forme d'un projet de codification (3). 2° La valeur du témoignage varie avec le degré d'autorité de l'auteur de qui il émane. On pourra, dans l'appréciation de cette autorité, tenir compte du fait que l'auteur a rempli des fonctions diplomatiques, ou bien que son ouvrage a été traduit en plusieurs langues. 3° Il faut enfin faire la part de l'influence qu'exercent sur les opinions des publicistes et des jurisconsultes les préoccupations et les préjugés patriotiques. Partant de là, on devra attacher à une opinion d'autant plus d'importance qu'elle sera partagée par des publicistes appartenant à des nationalités différentes, ou encore, qu'en la formulant, un auteur se met en contradiction avec certaines prétentions de l'État de qui il relève (4).

plomatique » a été reconstitué par des décrets du 17 février 1883, 1er juillet 1888 (*Annuaire de Législation étrangère*, 1883, p. 423, 1888, p. 507).

(1) *Suprà*, p. 26. La consultation est un instrument documentaire de second ordre, tandis que l'acte diplomatique dans lequel le gouvernement se l'approprie, l'applique, est un instrument documentaire direct.

(2) Comme dans l'affaire du paquebot-poste l'*Aunis* où le conseil du contentieux, consulté par le gouvernement italien, s'est prononcé contre les autorités italiennes, et a conclu dans le sens de la demande formulée par le gouvernement français (*Archives diplom.*, 1864, I, 392-398).

(3) *Suprà*, p. 47, 48.

(4) C'est ainsi qu'étant donnée la tendance traditionnelle de l'Angleterre à exagérer les droits des belligérants dans les guerres maritimes, on doit attacher un grand poids aux opinions des auteurs anglais, lorsqu'elles sont favorables aux droits des neutres.

93. — 2° *Traités*. — Je me contente pour l'instant d'indiquer les publications où on les trouve, renvoyant à l'étude de la matière des conventions entre États celle des règles relatives à leur interprétation. On a vu que, dès la seconde moitié du XVIIe siècle, on s'était préoccupé de faciliter la connaissance des traités en les réunissant dans des recueils (1).

Cette tendance n'a fait que s'accentuer depuis lors. Aux collections qui avaient été composées dans le courant du XVIIe et du XVIIIe siècle, sont venues s'ajouter des collections modernes. Suivant qu'elles renferment les conventions conclues par tous les États indistinctement, suivant au contraire qu'elles ne renferment que les traités conclus par un État déterminé, elles continuent à se classer en deux groupes : recueils généraux et recueils spéciaux (2).

α. *Recueils généraux.*

94. — Georges-Frédéric de Martens, *Recueil des principaux traités d'alliance, de paix, de trêve, de neutralité, de commerce, de limites, d'échange, etc., et de plusieurs autres actes servant à*

(1) *Suprà*, n° 75.

(2) L'Institut de droit international s'est occupé, à différentes reprises, des moyens propres à faciliter la connaissance des traités, ainsi que des conditions auxquelles devaient satisfaire les recueils destinés à réaliser cette publication. (*Annuaire*, VI, p. 322, VII, p. 201, 285, VIII, p. 232, IX, p. 302-305, X, p. 246-251). Dans sa session de Genève, septembre 1892, il s'est prononcé en faveur d'un projet qui, s'il aboutit, est appelé à rendre les plus grands services. Ce projet qui tend à réaliser une publication plus prompte, plus universelle et plus uniforme des traités conclus entre les différents États, consiste dans la création, par accord entre les États, d'une *Union internationale pour la publication des traités et conventions entre les États*. Il comporte l'institution d'un *bureau international*, organisé par les soins du gouvernement de la confédération suisse, bureau qui aurait son siège à Berne et serait chargé de la publication des traités. Les traités devraient lui être communiqués dans le délai d'un mois à partir de leur promulgation, pour être, par lui, publiés dans un *Recueil international des traités*. Les actes non conclus en français seraient accompagnés d'une traduction française, reconnue par les parties contractantes conforme au texte original et ayant la même force obligatoire. V. le projet dans R. D. I., 1892, XXIV, p. 534-537. Le Conseil fédéral, saisi de la question, a adressé au mois d'octobre dernier une circulaire aux différents Etats pour provoquer la réunion d'une conférence (*Le Temps*, 5 octobre 1892).

la connaissance des relations étrangères des puissances de l'Europe depuis 1761 *jusqu'à nos jours* (1800), 7 vol., 1791-1801. Ce recueil a été continué par Ch. de Martens, Saalfeld, Murhard, depuis 1876, par Samwer et Hopf, depuis 1887, par Stoerk. Première série jusqu'en 1876, 55 vol. Les recherches y sont facilitées, pour les traités antérieurs à 1874, par deux tables parues en 1875 et 1876 : l'une, chronologique, qui permet de retrouver un traité d'après sa date ; l'autre, alphabétique, qui donne la série des traités conclus par chaque puissance. Depuis 1876, deuxième série sous le titre de *Nouveau recueil général des traités et autres actes relatifs aux rapports du droit international*, 17 vol. jusqu'en 1892 (1).

Ch. de Martens et Ferd. de Cussy, *Recueil manuel et pratique des traités et conventions sur lesquels sont établis les relations et les rapports existant aujourd'hui entre les divers États souverains du globe depuis l'année* 1760 *jusqu'à l'époque actuelle*. Première série jusqu'en 1857, 7 vol. Deuxième série, publiée par Geffcken, 3 vol. (1857-1885). Cf. R. D. I., XVII, p. 305, XIX, p. 107, 634.

Archives diplomatiques, recueil mensuel de diplomatie et d'histoire. Première série, 1861-1879, 62 vol. Table de 1861 à 1873 dans le tome IV de l'année 1873. Deuxième série, depuis 1880 jusqu'à 1892, 44 vol. Cette publication est fort utile à raison du double rôle qu'elle joue : elle est tout à la fois recueil général de traités et recueil général de pièces diplomatiques qu'elle emprunte, notamment, aux publications parlementaires.

β. *Recueils spéciaux* (2).

95. — On peut dire qu'aujourd'hui la plupart des États ont leurs recueils spéciaux où sont réunis les traités qu'ils ont

(1) En combinant le recueil de G. F. de Martens avec les recueils antérieurs de Dumont et de Wenck (*Suprà*, p. 116, p. 117, note 1), on a la série assez complète des traités depuis le XVIe siècle.

(2) On peut également considérer comme recueils spéciaux les recueils de traités relatifs à une question déterminée. On doit au comte d'Angeberg une série de publications de ce genre. Je citerai les principales : *Le Congrès de Vienne et les traités de* 1815, 4 vol. *Le traité de Paris du*

conclus. Ces recueils sont loin d'être composés d'après une méthode uniforme. Les traités sont classés, dans les uns, d'après leur ordre chronologique ; dans les autres, d'après l'objet auquel ils se rapportent ; dans d'autres enfin, d'après l'ordre des puissances avec qui ils ont été conclus.

Je vais me contenter d'indiquer les principaux de ces recueils (1).

FRANCE. — *Recueil des traités de la France*, par De Clercq, publié sous les auspices du ministère des affaires étrangères. 18 vol. jusqu'en 1890.

AUTRICHE. — *Recueil des traités et conventions conclues par l'Autriche avec les puissances étrangères depuis* 1763 *jusqu'à nos jours*, par de Neumann et de Plason. 19 vol., 1877-1891.

RUSSIE. — *Recueil des traités et conventions conclues par la Russie avec les puissances étrangères*, par Fr. de Martens. 11 vol., 1874-1892 (2).

30 *mars* 1856 *et la conférence de Londres de* 1871. *Recueil des traités, conventions, actes, etc. concernant la guerre franco-allemande*, 5 vol. Dans cet ordre d'idées, je signalerai également, bien qu'elles aient un intérêt surtout historique, les deux petites publications qui ont paru dans la *Collection de textes pour servir à l'étude et à l'enseignement de l'histoire* et qui reproduisent, l'une, les grands traités de la guerre de Cent ans, l'autre, les grands traités du règne de Louis XIV.

(1) Je renvoie pour les autres à l'excellente notice que M. de Martitz a consacrée aux recueils de traités internationaux et qui a paru dans la R. D. I., 1886, XVIII, p. 168-187. On y trouvera les conclusions qu'il avait proposées à l'Institut de droit international sur les conditions auxquelles doit satisfaire un recueil de traités. Un recueil, d'après lui, devrait comprendre non seulement le texte des conventions, mais aussi la partie de la correspondance diplomatique à laquelle leur négociation a donné lieu et qui est de nature à éclairer leur interprétation, les documents de législation interne relatifs à leur exécution. On pourra rapprocher de ces conclusions celles auxquelles est arrivé Iwanowsky dans sa *Notice sur les divers recueils de traités internationaux*, notice qui n'est autre que la préface du tome Ier de son recueil (Cf. R. D. I., XXIII, p. 206).

(2) Recueil très important, où les traités sont publiés d'après l'ordre des puissances avec qui ils ont été conclus : 5 volumes sont consacrés aux traités conclus par la Russie avec l'Autriche ; 5 volumes à ceux qu'elle a conclus avec l'Allemagne ; il a enfin paru 1 volume de la série Angleterre (Cf. R. D. I., VI, p. 709, VII, p. 700, IX, p. 152, XI, p. 97, XIII, p. 104, XV, p. 628, XXIV, p. 611). Ce qui donne à cette publication un caractère unique, ce sont les notes et les pièces inédites dont elle est accompagnée, et qui en font une véritable histoire diplomatique en même temps qu'un

Belgique. — *Recueil des traités et conventions concernant le royaume de Belgique.* 11 vol., 1882.

Pays-Bas. — *Recueil des traités et conventions conclues par le royaume des Pays-Bas avec les puissances étrangères, depuis* 1813 *jusqu'à nos jours*, par Lagemans. 10 vol., 1891.

Angleterre. — *A complete collection of the treaties and conventions between Gr. Britain and foreign powers*, par Hertslet. 15 vol. jusqu'en 1885. Ce recueil comprend, en outre des traités, les documents de législation interne relatifs à leur exécution.

Italie. — *Raccolta dei Trattati e delle convenzioni conchiuse fra il regno d'Italia ed i governi esteri.* 6 vol., 1865-1878.

Trattati e convenzioni in vigore fra il regno d'Italia ed i governi esteri, par Palma. 3 vol., 1879-1890. Cf. R. D. I., 1891, XXIV, p. 204.

Turquie. — *Recueil des traités de la Porte ottomane avec les Puissances étrangères depuis* 1536 *jusqu'à nos jours.* Commencé par le baron de Testa, ce recueil est continué par son fils. 7 vol. jusqu'en 1874 (1892).

États-Unis. — *Treaties and conventions*, etc., par Bancroft Davis. 1776-1873. 1 vol.

Amérique du Sud. — *Recueil complet des traités, conventions, capitulations et autres actes diplomatiques de tous les États de l'Amérique latine*, par Calvo. 11 vol. jusqu'en 1823 (1862-1869).

A signaler, publié par un archiviste du ministère des affaires étrangères, M. Tétot, un *Répertoire des traités de paix, de commerce*, etc., *conventions et autres actes conclus entre toutes les Puissances du Globe, principalement depuis la paix de Westphalie jusqu'à nos jours*, 2 vol., 1866-1872. Ce répertoire, chronologique et alphabétique, qui était de nature à faciliter singulièrement les recherches, puisque, pour chaque traité, il indique la place exacte qu'il occupe

recueil de traités. Sur l'intérêt qu'elle présente, notamment au point de vue de l'histoire des relations politiques entre l'Allemagne et la Russie dans le courant du siècle, Alfred Rambaud, *Revue encyclopédique*, juin 1893, p. 547-553, et Rolin-Jæquemyns, R. D. I., XXI, p. 436-463. Un autre recueil des traités conclus par la Russie vient d'être entrepris par Iwanowsky, 2 volumes parus jusqu'en 1890 (Cf. R. D. I., XXIII, p. 206).

dans tous les recueils anciens ou modernes, français ou étrangers, qui l'ont publié, ne comprend malheureusement que les conventions antérieures à 1866.

96. — On a vu qu'on appelle, dans une acception restreinte, histoire diplomatique, l'histoire des traités (1). L'étude historique des traités a donné lieu à une littérature spéciale. L'ouvrage le plus important est l'*Histoire générale des traités de paix et autres transactions principales entre toutes les puissances de l'Europe depuis la paix de Westphalie*, par de Garden, 15 vol., Paris, 1887.

97. — B) *Ce qui devrait être.* — On sait que, lorsqu'il s'agit de l'élément théorique du droit des gens, les écrits des auteurs prennent la valeur de sources du droit : c'est la science qui se pose le problème de la réglementation rationnelle des rapports entre États, et c'est elle qui le résout (2). En conséquence, nous aurons, dans l'appréciation des règles positives, à nous préoccuper des critiques formulées par la doctrine, à discuter les solutions théoriques qu'elle propose. Nous devrons, toutefois, apporter à cette double étude un double esprit. D'une part, nous devrons nous attacher à conserver toujours entière, selon l'exemple de Bynkershoek (3), notre indépendance d'appréciation et de critique. D'autre part, nous ne devrons attacher de valeur juridique qu'aux solutions qui correspondent au problème de la réglementation rationnelle des rapports entre États tel que je l'ai posé (4) ; donc, qu'aux solutions qui tiennent compte de l'indépendance des États et des nécessités de la nature spéciale de le communauté internationale. Il va de soi qu'il faut, dans la détermination de l'élément théorique du droit des gens, consacrer une attention toute particulière aux travaux de l'*Institut de droit international*. La manière dont il est composé, le but pratique dans lequel il poursuit la réforme du droit des gens, donnent à ses résolutions une importance scientifique considérable (5).

(1) *Suprà*, p. 52. (2) *Suprà*, n° 64.
(3) *Suprà*, p. 118, note 3. (4) *Suprà*, n° 9.
(5) Sur les documents où on les trouve, *suprà*, p. 19, note 1.

III. — Bibliographie.

98. — En résumé, le caractère qu'il faut attribuer aux écrits des auteurs varie, suivant qu'il s'agit de l'élément naturel du droit des gens, ou de son élément positif : véritables sources du droit au regard du premier, ils n'ont plus que la valeur d'instruments documentaires indirects au regard du second. Dans un cas comme dans l'autre, cependant, il faut reconnaître que la contribution qu'ils apportent à l'étude du droit des gens est des plus précieuses. Ils constituent un ensemble de documents qu'on ne doit pas négliger. Je me suis occupé, pour indiquer les directions diverses auxquelles elle avait obéi, de la littérature du droit des gens antérieure au XIXe siècle. Je vais donc limiter les renseignements bibliographiques qui vont suivre aux œuvres de l'école moderne, œuvres qui, d'ailleurs, prises dans leur ensemble, offrent, à raison de la méthode d'après laquelle elles sont conçues, un intérêt scientifique de beaucoup supérieur à celui des ouvrages anciens, même les plus illustres. La littérature du droit des gens peut, suivant le caractère des ouvrages qu'elle comprend, le but auquel ils répondent, se répartir en quatre groupes (1) :

I. — *Revues.*

Revue de droit international et de législation comparée, 1869-1892, 24 volumes. Revue d'une importance capitale et pour les articles qu'elle renferme, et pour les indications bibliographiques qu'elle fournit. On y trouve également des communications, comptes rendus ou rapports, relatives aux travaux de l'Institut de droit international.

(1) Je me contenterai de citer les œuvres les plus importantes avec l'indication des comptes rendus qui en ont été donnés dans la *Revue de droit international*. Je renvoie pour le surplus de la littérature contemporaine et pour les renseignements biographiques à Holtzendorff-Rivier, *op. cit.*, §§ 110-123. On trouvera des indications très complètes, sur la littérature espagnole du droit des gens, dans des articles de Rolin-Jaequemyns, R. D I., 1887, XIX, p. 489 et s., p. 609 et s.

Journal du droit international privé, fondé par Clunet, 1874-1892, 19 volumes. Malgré son titre spécial, cette revue publie des articles et des documents de jurisprudence qui se rapportent à des matières du droit des gens. A ce double point de vue, elle est très utile à consulter.

II. — *Ouvrages spéciaux; monographies.*

Je les indiquerai au fur et à mesure des matières auxquelles ces ouvrages se rapportent.

III. — *Traités en forme de codification.*

Voici les principaux (1) :

Bluntschli (1808-1881), *Le droit international codifié*, traduit de l'allemand par Lardy, 4e édit., 1886. Cet ouvrage jouit de la plus grande autorité. Il a été traduit en grec, en espagnol (1871), en russe (1877), en chinois (1880). Cf. R. D. I., I, p. 291, V, p. 294, X, p. 462, XIII, p. 423.

Dudley Field, *Draft outlines of an International Code*, traduit de l'anglais par Albéric Rolin sous ce titre : *Projet d'un Code international, proposé aux diplomates, aux hommes d'Etat et aux jurisconsultes de droit international*, 1881. En 1866, l'association britannique des sciences sociales nommait, dans sa session de Manchester et sur la demande de Field, une commission chargée d'arrêter un projet de codification du droit international. Field qui naturellement fit partie de cette commission déploya une activité qui aboutit, en 1873, à son *Projet*. Cf. R. D. I., V, p. 502, IX, p. 147, XIII, p. 656.

Pasquale Fiore, *Le Droit international codifié*, traduit de l'italien par Chrétien, 1890. Cf. R. D. I., XXIII, p. 94 et s.

Je rappelle qu'il faut, lorsqu'on se sert de ces ouvrages, avoir soin de distinguer ce qui correspond à l'élément positif du droit des gens de ce qui correspond à son élément théorique (2).

(1) Je renvoie pour les autres à l'article de Roszkowski (R. D. I., 1889, XXI, p. 522).

(2) *Suprà*, p. 48, p. 135.

IV. — *Traités généraux.*

France

Bry, *Précis élémentaire de droit international public, à l'usage des étudiants des facultés de droit*, 2e édit., 1892.

Foignet, *Manuel élémentaire de droit international public*, 1892.

Calvo, *Manuel de droit international public et privé conforme au programme des facultés de droit*, 1880.

Ces trois ouvrages n'ont pas d'autre prétention que de servir à la préparation des examens.

Funck-Brentano et Albert Sorel, *Précis du droit des gens*, 2e édit., 1887. Cf. R. D. I., IX, p. 139.

Pradier-Fodéré, *Traité de droit international public européen et américain suivant les progrès de la science et de la pratique contemporaines*, 7 vol., 1885-1894. Cf. R. D. I., XVII, p. 305, XIX, p. 109, XXIII, p. 635.

Chrétien, *Principes de droit international public*, 1re partie, 1893.

Belgique

Arntz, *Programme du cours de droit des gens fait à l'université de Bruxelles*, 1882.

A. Rivier, *Programme d'un cours de droit des gens pour servir à l'étude privée et aux cours universitaires*, 1889, VII et 216 p.

Allemagne

Klüber (1762-1837), *Droit des gens moderne de l'Europe*, 1819. Souvent réédité. Dernière édition avec notes par Ott, 1874.

Heffter (1796-1880). *Das Europæische Vœlkerrecht der Gegenwart*, 1844. Livre qui a exercé une influence considérable et qui jouit de la plus grande autorité. Il en a été publié des éditions dans presque toutes les langues. La première édition française a été donnée en 1857 par Bergson sous le titre de *Le droit international de Europe*. Une quatrième édition a paru en 1883 avec les notes de Geffcken. En 1880, en effet, et en 1888, Geffcken a donné des éditions allemandes de l'ouvrage de Heffter avec des annotations. Cette édition Heffter-Geffcken a la valeur d'un ouvrage nouveau. Cf. R. D. I., XX, p. 201.

Léopold de Neumann (1811-1888), *Grundriss des heutigen europaeischen Vœlkerrechts*, 1856, traduit en français, avec notes, en 1886, par de Riedmatten sous le titre de *Éléments du droit des gens moderne européen*. Cf. R. D. I., IX, p. 139, XVIII, p. 110.

Holtzendorff (1829-1889), *Das Europæische Vœlkerrecht*. Fait partie de son *Encyclopédie de la science du droit*. Il en a été donnée une édition séparée avec notes par Stoerk. Traduit en français par Zographos sous le titre de *Éléments de droit international public*, 1891. Cf. R. D. I., XXII, 626, 627. De 1885 à 1889 a paru, sous la direction de Holtzendorff, un *Handbuch des Vœlkerrechts* en 4 volumes. Cet ouvrage, qui est le produit de la collaboration d'internationalistes des plus autorisés, a une valeur considérable. Il a été donné, en 1889, une édition française du premier volume sous le titre de *Introduction au droit des gens, Recherches philosophiques, historiques et bibliographiques*. La partie philosophique et historique est de Holtzendorff. La partie bibliographique qui comprend l'histoire de la science du droit des gens est de Rivier. Cf. R. D. I., XVII, 631-635, XXIII, 629-635.

Bulmerincq (1822-1890), *Das Vœlkerrecht oder das internationale Recht*. A paru dans le *Handbuch des œffentlichen Rechts* de Marquardsen, I, 2, p. 175-184. C'est un traité très condensé de droit international privé et surtout de droit international public. Cf. R. D. I., XVII, p. 90, et le compte rendu curieux de Zorn, dans la *Kritische Vierteljahresschrift*, 1885, p. 376-398.

Resch, *Das Europæische Vœlkerrecht der Gegenwart*, 1885. Livre destiné à servir à l'enseignement dans les écoles supérieures dont le programme comprend le droit des gens.

Hartmann, *Institutionen des praktischen Vœlkerrechts in Friedenszeiten*, 2e édit., 1878, XVI et 287 pages.

Gareis, *Institutionen des Vœlkerrechts*, 1888, IV et 256 pages. Court, mais très personnel.

A. Rivier, *Lehrbuch des Vœlkerrechts*, 1889, XVI et 449 pages. Publié dans la *Handbibliothek des œffentlichen Rechts* de Kirchenheim. Excellent livre, incontestablement l'ouvrage élémentaire le meilleur et le plus complet qui existe. Cf. R. D. I., XXI, p. 401.

Angleterre

Phillimore (1810-1885), *Commentaries upon international Law*, 3e édit., 1879, 4 vol. Cf. R. D. I., XII, 246, XIV, 630.

Travers Twiss, *Le droit des gens ou des nations considérées comme communautés politiques indépendantes*, édit. française, 1887-1889. Tome I. *Des droits et des devoirs des nations en temps de paix*. Tome II. *Des droits et des devoirs des nations en temps de guerre*. Cf. R. D. I., VII, 699, XVII, 93, XXI, 395.

Hall, *Treatise on international Law*, 3e édit., 1892. Ouvrage particulièrement intéressant pour tout ce qui concerne la guerre maritime et la neutralité. On y retrouve la substance de la monographie que Hall avait consacrée en 1874 à l'étude des droits et des devoirs des neutres. Cf. R. D. I., XIII, 649 et s., XVII, 94, XXII, p. 412.

Italie

Pasquale Fiore, *Nouveau droit international public*, traduit de l'italien par Pradier-Fodéré. De 1879 à 1884, Fiore a donné une nouvelle édition de son livre qui a été également traduite en français, sous le même titre, par Antoine, 1885, 3 vol. Une 3e édition a paru en 1888. Cf. R. D. I., 1889, p. 396-398.

Carnazza-Amari, *Traité de droit international public en temps de paix*, traduit de l'italien par Montanari-Revest, 2 vol., 1880-1882. Cf. R. D. I., VII, 325 et s.; XIV, 630 et s.

Les deux œuvres les plus importantes de l'école italienne.

Russie

Frédéric de Martens, *Traité de droit international*, traduit du russe par Léo, 1882-1887, 3 vol. Ouvrage d'une grande valeur, un de ceux où la notion de communauté internationale est le mieux mise en relief. R. D. I., XIV, 444, XV, p. 630, XVI, p. 100, 105, XVIII, p. 329, XX, p. 202.

Amérique anglo-saxonne

Henri Wheaton (1785-1848), *Éléments of international Law*, 2 vol. 1836. A été traduit en italien, en espagnol, en japonais, en chinois. Cf. R. D. I., XI, p. 461. Il en a été donné une série d'éditions françaises par Lawrence (1801-1881) sous le titre de *Éléments de droit international*. Lawrence avait également entrepris un *Commentaire sur les Éléments du droit international et sur l'Histoire du progrès du droit des gens de Henry Wheaton*. Il en a paru 4 volumes, 1868-1880.

Woolsey, *Introduction to the study of international Law*, 5e édit., 1879.

Francis Wharton, *A Digest of the international Law of the United States*. 3 vol., 1886. Cet ouvrage, entrepris à la suite d'une résolution du Congrès, est précieux par les documents qu'il renferme sur les questions de droit international auxquelles les États-Unis ont été mêlés.

Halleck, *International Law*, 2e édit., 2 vol., 1878. Cf. R. D. I., XI, p. 459. Très intéressant pour le droit de la guerre, à raison des hautes fonctions militaires que son auteur a occupées, notamment pendant la guerre de sécession. Il fut, en 1862, le généralissime des armées fédérales.

Amérique latine

Calvo, *Le droit international théorique et pratique*, 4e édit., 1887, 5 vol. Cf. R. D. I., I, 294, III, 684, V, 295, XIII, 653, XX, p. 202 et s. Ouvrage qui ne vaut, à mon avis, que par le nombre considérable de faits et d'espèces qu'il rapporte (1).

Calvo, *Dictionnaire du droit international public et privé*, 2 vol. *Dictionnaire manuel de diplomatie et de droit international*, 1885. Cf. R. D. I., XVII, 405.

Alcorta, *Cours de droit international public*, édit. franç., t. I, 1887. Cf. R. D. I., XIX, p. 226. On y trouvera des renseignements très complets sur la littérature du droit international public dans l'Amérique latine.

(1) A rapprocher deux ouvrages également précieux par les renseignements qu'ils fournissent sur les *espèces* du droit des gens : Ch. de Martens, *Causes célèbres du droit des gens*, 1858-1861, 2e édit., 5 vol.; Ferd. de Cussy, *Causes célèbres du droit maritime des nations*, 1858, 2 vol.

APPENDICE

Projet de *Déclaration du droit des gens* présenté par l'abbé Grégoire à la Convention dans la séance du 4 floréal an III (23 avril 1795, *Moniteur*, n° 217).

1° Les Peuples sont entre eux dans l'état de nature ; ils ont pour lien la morale universelle.

2° Les Peuples sont respectivement indépendants et souverains, quel que soit le nombre d'individus qui les composent et l'étendue du territoire qu'ils occupent.

Cette souveraineté est inaliénable.

3° Un Peuple doit agir à l'égard des autres comme il désire qu'on agisse à son égard ; ce qu'un homme doit à un homme, un Peuple le doit aux autres.

4° Les Peuples doivent, en paix, se faire le plus de bien, et, en guerre, le moins de mal possible.

5° L'intérêt particulier d'un Peuple est subordonné à l'intérêt général de la famille humaine (1).

6° Chaque Peuple a droit d'organiser et de changer les formes de son gouvernement.

7° Un Peuple n'a pas le droit de s'immiscer dans le gouvernement des autres.

8° Il n'y a de gouvernement conforme aux droits des Peuples que ceux qui sont fondés sur l'égalité et la liberté.

9° Ce qui est d'un usage inépuisable ou innocent, comme la mer, appartient à tous, et ne peut être la propriété d'aucun Peuple.

10° Chaque Peuple est maître de son territoire.

(1) Cf. Grotius, lorsqu'il recommande aux chefs d'État *non unius sibi creditæ gentis habere rationem, sed totius humani generis*.

11° La possession immémoriale établit le droit de prescription entre les Peuples.

12° Un Peuple a droit de refuser l'entrée de son territoire et de renvoyer les étrangers, quand sa sûreté l'exige.

13° Les étrangers sont soumis aux lois du pays et punissables par elles.

14° Le bannissement pour crime est une violation indirecte du territoire étranger.

15° Les entreprises contre la liberté d'un Peuple sont un attentat contre tous les autres.

16° Les ligues qui ont pour objet une guerre offensive, les traités ou alliances qui peuvent nuire à l'intérêt d'un Peuple, sont un attentat contre la famille humaine.

17° Un Peuple peut entreprendre la guerre pour défendre sa souveraineté, sa liberté, sa propriété.

18° Les Peuples qui sont en guerre doivent laisser un libre cours aux négociations propres à amener la paix.

19° Les agents publics que les Peuples s'envoient sont indépendants des lois du pays où ils sont envoyés, dans tout ce qui concerne l'objet de leur mission.

20° Il n'y a pas de préséance entre les agents publics des Nations.

21° Les traités entre les Peuples sont sacrés et inviolables.

TABLE DES MATIÈRES

III

IV

Imp. G. Saint-Aubin et Thevenot, Saint-Dizier. 30, Passage Verdeau, Paris.

www.ingramcontent.com/pod-product-compliance
Ingram Content Group UK Ltd.
Pitfield, Milton Keynes, MK11 3LW, UK
UKHW031905260826
14628UKWH00003B/1004

9 782019 988951